山西省科学规划办"十三五"规划课题 "互联网+"背景下幼儿教师专业发展研究
课题编号 HLW-20085

互联网+幼儿教师专业发展研究

冯艳芬　齐光雄　周小丹　著

吉林人民出版社

图书在版编目（CIP）数据

互联网+幼儿教师专业发展研究 / 冯艳芬，齐光雄，周小丹著. -- 长春：吉林人民出版社，2022.8
 ISBN 978-7-206-19452-8

Ⅰ.①互… Ⅱ.①冯… ②齐… ③周… Ⅲ.①幼教人员-师资培养-研究 Ⅳ.①G615

中国版本图书馆CIP数据核字(2022)第257209号

互联网+幼儿教师专业发展研究
HULIANWANG + YOUER JIAOSHI ZHUANYE FAZHAN YANJIU

著　　者：冯艳芬　齐光雄　周小丹	
责任编辑：门雄甲	封面设计：郭洪英
吉林人民出版社出版 发行（长春市人民大街7548号）	邮政编码：130022
印　　刷：长春市昌信电脑图文制作有限公司	
开　　本：787mm×1092mm　1/16	
印　　张：9	字　　数：200 千字
标准书号：ISBN 978-7-206-19452-8	
版　　次：2022年8月第1版	印　　次：2024年4月第2次印刷
定　　价：58.00元	

如发现印装质量问题，影响阅读，请与印刷厂联系调换。

PREFACE 前言

互联网+是互联网思维的进一步实践成果，推动经济形态不断地发生演变，从而带动社会经济实体的生命力，为改革、创新、发展提供广阔的网络平台。简单说，"互联网+"就是"互联网+各个传统行业"，但这并不是简单的两者相加，而是利用信息通信技术以及互联网平台，让互联网与传统行业进行深度融合，创造新的发展生态。它代表一种新的社会形态，即充分发挥互联网在社会资源配置中的优化和集成作用，将互联网的创新成果深度融合于经济、社会各领域之中，提升全社会的创新力和生产力，形成更广泛的以互联网为基础设施和实现工具的经济发展新形态。

近年来，脑科学、心理学等权威科学研究结果揭示了学前教育对人以及经济发展的重要作用，高质量的学前教育与幼儿的认知、社会性和情绪方面的发展有着短期与长期的关联，在社会经济发展中也有重要价值。幼儿教师是幼儿教育的实施者，幼儿教师的素质直接影响幼儿教育的质量。本书立足于互联网+幼儿教师专业发展研究，首先介绍了教师专业发展的理论；然后探讨了互联网+环境下幼儿教师的信息素养以及幼儿教师信息技术素养模型构建，并阐述了幼儿教育信息资源的获取、幼儿教育多媒体课件制作与开发、幼儿教师信息资源的应用和幼儿教师软件教学的应用等内容；最后提出了幼儿教师信息技术素养与信息技术应用能力的提升路径。本书最大的亮点是理论与实践并重，幼儿教师在实际操作中不断提高自身的素质，促进幼儿教师专业的不断成长。

幼儿教师的专业发展不是一蹴而就的事情，需要社会、幼儿园和教师的共同努力。在本书的撰写过程中，参阅和借鉴了相关书籍与论文，在此谨向这些文献的作者表示最真挚的谢意。由于作者水平有限，书中难免存在不足之处，敬请广大读者批评指正。

CONTENTS 目录

第一章　教师专业发展的理论 …………………………………………………… 1
　第一节　幼儿教师专业发展的含义与取向 ………………………………… 1
　第二节　幼儿教师专业发展的阶段与动力 ………………………………… 10
　第三节　"互联网＋"背景下幼儿教师专业化发展问题及对策 …………… 16

第二章　互联网＋幼儿教师信息素养概述 …………………………………… 31
　第一节　幼儿教师信息技术素养的必要性 ………………………………… 31
　第二节　幼儿教师信息技术素养相关概念 ………………………………… 34
　第三节　信息技术在幼儿教师专业发展中应用的价值 …………………… 36

第三章　幼儿教育多媒体课件制作与开发 …………………………………… 50
　第一节　幼儿教育多媒体课件概述 ………………………………………… 50
　第二节　多媒体课件素材处理要点 ………………………………………… 60
　第三节　幼儿教育多媒体课件制作要点 …………………………………… 79

第四章　教育信息资源新应用 ………………………………………………… 96
　第一节　认知工具（思维导图）的应用 …………………………………… 96
　第二节　Web 2.0 工具的应用 ……………………………………………… 100
　第三节　新兴技术的应用 …………………………………………………… 102

第五章　幼儿教师软件教学的应用 …………………………………………… 112
　第一节　幼儿教育软件的选择 ……………………………………………… 112
　第二节　信息技术与幼儿园课程融合 ……………………………………… 119

参考文献 ………………………………………………………………………… 123

第一章 教师专业发展的理论

第一节 幼儿教师专业发展的含义与取向

教师专业发展自 20 世纪 80 年代提出以来，经过几十年的实践探索和理论研究，已经逐渐发展为一个被世界诸多国家的教育研究者共同关注的课题，同时它是当今教师教育改革的主流话题。幼儿教师是以幼儿教育为职业的专业工作者，在托幼机构向学前儿童进行专门的教育工作，肩负着国家和社会的委托。就幼儿教师而言，把握其专业发展的基本内涵，将有利于我们深入理解和探索幼儿教师专业发展的取向与路径。

一、幼儿教师专业发展的含义

从教师专业视角来看，对幼儿教师专业发展的关注点实现着"专业化-专业成长-专业发展"的转变。

（一）幼儿教师专业发展的概念

根据对教师专业发展的理解，我们认为，幼儿教师专业发展的概念可以从两个方面来理解：一是从幼儿教师自身而言，幼儿教师专业发展是幼儿教师的专业精神、专业知能以及自我不断更新、演进和丰富的过程；二是从外部条件而言，幼儿教师专业发展是通过政策制度、社会环境、幼儿园文化等外部条件来帮助幼儿教师在良好的、积极的氛围中促进个人的专业成长。

幼儿教师专业发展的"专业"应该体现在：①对社会的必要性。专业的幼儿教师是高质量幼儿教育的保障，是社会的诉求，是教育体系的奠基。②服务的非营利性。学前教师拥有的教育理想和服务目的是其专业发展的动力，也是专业化必须强调的特征。③职业的独特性。幼儿教师作为一种独特的职业，教师要具有学前五大领域的基本知识和教学技能，也必须具备现代科学的教育幼儿的知识、儿童观和专业精神。④伦理规范性。具体体现在不同的国家、地区应研发适合的伦理规范，以便最大限度增加其实用性，幼儿教师在面临道德困境时能以此来审视自我，判断和抗拒不道德行为。⑤系统性。幼儿教师的成长除了依靠职前的培养，更需要从立足本职的实践中不断反思总结，从"普通人""教育者"到"专家型幼儿教师"这一过程进行终身研究和学习。⑥发展性。教师专业发展是持久探索和奋斗的过程，是个体不断动态发展的专业过程。

由此可以看出，幼儿教师专业发展的概念主要是将其看成幼儿教师在严格的专业训练和自身不断地主动学习的基础上，逐渐成长为一名专业人员的发展过程，包括两个层面——宏观和微观。宏观上，幼儿教师专业发展即明确幼儿教师的专业地位，同时用法律来保证其专业地位。微观上，幼儿教师通过持续的学习和探究，积极地反思教育经验，逐渐完善自己的专业素质结构，在"学习－掌握－反思再学习－掌握"的不断循环中发展专业素质。

（二）幼儿教师专业发展的基本内容

1. 专业精神

专业精神是幼儿教师教育人格和伦理的核心，是做好幼儿教师工作的内在动力，其基础性价值处于头等重要的地位。专业精神主要包括教师的教育信念和职业道德。教师的教育信念是指教师在对教育工作本质理解上，由教师自己选择、认可并确信的教育观念或教育理念，它支配着教育者的教育行为。幼儿教师的职业道德，是幼儿教师在教育教学工作中必须遵守的各种行为准则和道德规范的总和。它集中体现了幼儿教师的思想觉悟、道德品质和精神面貌，也是幼儿教师最基本、最重要的职业准则和规范。具体来说，幼儿教师良好的职业道德主要体现在以下几方面。

第一，热爱幼儿教育事业，能够对幼儿教育事业倾注满腔的爱和热情，任劳任怨，不计较个人得失。第二，热爱、尊重学前儿童，保护学前儿童的合法权益。第三，关心、团结集体，尊重同事，与全体同事在协同合作中完成自己的教育教学任务。第四，尊重家长，理解家长对子女的关心，与家长坦诚交流，与家长密切合作，以此促进学前儿童的健康成长。

幼儿教师的教育信念在其专业结构中位于较高层次，它统摄着幼儿教师专业结构的其他方面。因为幼儿教师的教育信念在工作任务选择、认知策略和完成工作任务中起着导向作用。可以说，幼儿教师对幼教事业的信念，对有关教与学的信念，以及在教育过程中所持有的儿童观，都直接影响着教师的成长与幼儿的发展。此外，教师的儿童观与教师的期望通过教师的教育方式这一中介变量，作用、影响、实现幼儿的发展与成长。教师能否恪守职业道德也是教师专业精神的体现。幼儿教师的职业道德主要体现在热爱幼教工作、热爱并尊重幼儿、信奉幼儿教师职业道德原则以及对职业的认同感和责任感。可以说，教育支持是对学前儿童学习的基本尊重。因此，幼儿教师应从文化知识的传授者转变为学前儿童学习的支持者。而幼儿教师对学前儿童学习的支持，主要体现在激发与鼓励学前儿童学习的兴趣、探究心，帮助学前儿童形成积极的学习态度，掌握有效的学习方法，从中获得学习的乐趣；帮助学前儿童学会思考、学会求知、学会探索、学会创新、学会主动学习，以便为学前儿童今后的学习与发展奠定良好的基础。此外，为学前儿童的学习提供丰富的物质材料、为学前儿童的学习创造良好的环境，也是幼儿教师支持学前儿童学习的重要表现。

2. 专业知能

专业知能主要包括幼儿教师的专业知识和专业能力两个方面。专业知识是教师教育工作成功的保障，而专业能力是新型教师的重要特征，是研究型教师的基础。专业教师的专业知识是教师研究中的一个领域，且迄今为止，教师究竟应该具备哪些方面的专业知识还有不同的认识，但终究未能突破典型的传统模式的三个知识"板块"，即一般文化知识、学科知识、教育学科知识。就幼儿教师而言，3~6岁儿童的认知发展处于初级阶段，这决定了对幼儿教师的一般文化知识的深度要求不高，但对知识的广度要求较高。在幼儿园具体教学活动中，学科知识的界限也不是很严格，因此幼儿教师的专业知识，主要关注的是幼儿教师的教育学科知识，这也是我国幼儿教师较为欠缺的一个方面。

教师的专业能力就是教师的教育教学能力，是教师在教育教学活动中形成的顺利完成某项任务的技能和本领。教师的专业能力是教师综合素质的最突出的外在表现，也是评价教师专业性的核心因素。教师专业能力的种类与结构如何，不同学者有不同的观点。一般来说，应包括以下几方面：教学设计能力、表达能力、教育教学组织管理能力、教育教学交往能力、教育教学机智能力。

例如：学前儿童不像成人那样善于将自己的需求、感受用语言表达出来，其内心活动和情绪情感主要是通过面部表情、肢体动作表现出来的。这就需要幼儿教师必须具有敏锐的观察力，善于捕捉学前儿童释放的各种"身体信息"以及内心活动的细微表现，从而对学前儿童进行良好的引导。幼儿教师的教育管控能力，指的是幼儿教师对自己组织的教育教学活动进行积极主动的自我认知、自我调节的能力，具体包括以下几方面的内容。第一，幼儿教师能够根据幼儿教育的任务、材料，幼儿的兴趣、需要、发展水平、发展潜能，以及自己的教育教学能力制订适宜的教育教学目标与计划，合理组织与安排教育活动的步骤，以确保幼儿教育取得良好的成效。第二，幼儿教师在教育教学过程中，要随时对班级情况进行管控，以便依据实际情况对教学活动进行一定的调整。第三，幼儿教师在教育教学过程中，要对幼儿的发展状况做出较为全面、客观、准确的评价，以便及时发现存在的问题并予以改正。

幼儿教育是发展的事业，幼儿教育的对象是发展的对象，因此在幼儿教育教学研究和实践中，幼儿教师要重视吸收最新的教育教学成果，并创造性地将其运用到自己的教育教学过程之中。只有这样，幼儿教师才能更好地开展教育教学活动，促进学前儿童的全面发展。

3. 专业自我

教师所获得的概念、知识等不是通过外部传授得到的，而是自身在与一定的社会文化情景的相互作用过程中，通过意义的构建得到的。因此，幼儿教师自我发展不是规定和指导教师该如何做，而是通过某种特定的活动，让幼儿教师在描述、分析和解释自己教学行为和课堂现象的过程中形成对教学本质的认知，并以此调整和改进教师的教学行为。

教书育人是一项职责重大的严肃工作，尤其是面对学前儿童，来不得半点虚假、敷衍和马虎，否则必辱使命。因此，幼儿教师必须要严谨治学，即在研究学问、钻研业务和传授知识的过程中做到严肃认真，一丝不苟地对待工作和职责要求，展现实事求是的工作精神或工作态度。幼儿教师的职业价值既体现在它为人类进步、社会发展、学前儿童成长所做出贡献上，也体现在幼儿教师获得的各种物质待遇和精神荣誉上。具体来说，幼儿教师的职业价值主要体现在以下两个方面。

第一，幼儿教师在职业岗位上辛勤工作，可以获得社会、家长、学生的认可与尊重，体现了幼儿教师个人的社会价值。第二，幼儿教师在职业生涯中可以通过奉献社会、奉献国家、奉献学生获得职业生活的价值感，找到生活的意义，尤其是当看到"桃李满天下"时，一种职业的自豪感、幸福感会油然而生。

可见，专业自我意识的获得和提升，是幼儿教师专业发展不可缺少的一个组成部分。而自我尊重、自我意象、工作与学习的动机和态度、工作满意度、自我努力程度、专业发展意愿都可以作为幼儿教师专业自我的变量。

二、幼儿教师专业发展取向

（一）教师视角

所谓取向，指的是一定主体在面对或处理各种矛盾、冲突、关系时所持的基本立场、态度以及所表现出来的基本倾向。教师的专业发展分为3个领域：①知识和技能的发展，即相信学科知识越丰富、教学策略越熟练和灵活，就越能提高学生的成绩；②自我理解，即通过各种形式的反思促进教师对于自己专业活动的理解；③生态变革，即构建新型教师文化，寻求教师合作。基于这一分类以及对教师专业发展本质的不同认识，国内外学者通常把教师专业发展的价值取向概括为以下3种：理智取向、实践－反思取向、生态取向。

1. 理智取向

从教师教育角度来看，理智取向的幼儿教师专业发展，要求幼儿教师掌握教育学、心理学以及有关幼儿发展的各类专门知识，具备自然科学、人文科学方面的基本知识和素养，具备丰富的幼儿教育方法、幼儿教育智慧以及熟练的互动策略和技能技巧。以上这些内容的获得可以通过不同层次、不同类型的幼儿教师培养和培训获得。

从教学层面来看，理智取向认为幼儿教师的任务主要是把书本中确定的知识以有效的方式传授给幼儿，以幼儿掌握知识的多少为衡量教学效果的标准以及教师教学水平的高低，完全以工业化大生产的模式来指导教学，导致教学成为一种单向的、线性的、确定的活动；教师成为一名合理运用标准化幼儿教育方法对幼儿进行教育的"知识传授者"。理智取向下的幼儿教师自身缺乏一定的创新意识和反思精神，其专业发展必然受到牵制。

从现实来看，我国幼儿教师专业发展的理智取向仍处于较重要的地位。目前的幼儿教师主要还是参加正规的培养培训，学习最基本的幼儿教育专业知识，接受专家"传授"以"获得"这些基础知识。例如：听讲座、参加短期课程学习、到师范院校进修等较常见的方式就属于理智取向的教师专业发展途径。

2. 实践-反思取向

实践-反思取向的教师专业发展，一是关注"实践"，即重点关注学前教师的教育教学行为，强调实践在教师专业发展过程中的重要作用。二是反思，这种反思是幼儿教师对自身行为的思考与改进，而促进教师反思的方式则强调多样性：一是实践-反思取向的教师专业发展强调通过多样化的"反思"方式，促使幼儿教师对自己及其专业活动有更为深入的"理解"，发现其中的意义，以促成"反思性实践"。二是实践-反思取向的教师专业发展强调教师在促进自身专业发展过程中的主动性，主要依据教师个人或教师之间的合作"发现"。

实践-反思取向较之理智取向有较大的优越性，因为实践-反思能帮助教师朝着目标和规划前行，同时由实践-反思带来的成效又鼓励着教师持续努力，从而实现教师的专业发展。以幼儿教师职后培训为例，理智取向注重知识和技能的传授，这一取向指导下的幼儿教师培训效果并不突出，但为教师提供具体的幼儿教育活动案例并结合自身实践，让他们在具体的实践活动中反思、实践，实现专业成长，其效果显而易见。

实践-反思取向的幼儿教师专业发展可以通过以下方式得以实现：①反思。反思是幼儿教师不断获得专业发展的有效途径。个人反思包括写日志、写个人传记、写构想、写相关文献评述；合作反思是通过信件交流、教师集体研讨、参与观察等方式与他人合作进行反思。②合作自传。由一组教师一起围绕工作的背景、使用的课程、所信奉的教育理论等主题写出自我描述性的文字，然后进行批判性的评论。③教育行动研究。幼儿教师可以发挥自己的撰写风格和特色，将备忘录、描述性记录、解释性记录、深度反思等不同形式有机结合，养成定期书写专业日志的习惯；建立档案袋来研究幼儿发展的历程和教师自身发展的轨迹。

3. 生态取向

生态取向观认为，教师的发展不是学习某些学科知识或教育知识，也不仅是个别教师的"反思"，而是构建一种合作的教师文化，从而促进教师的共同发展。"文化""社群""合作""背景"是生态取向的幼儿教师专业发展所关注的几个关键词，而"文化"是最核心的内容，因为"社群""合作""背景"都属于文化的范畴，它们是文化的载体，是文化的表现形式。

生态取向的教师专业发展方式是多样的。例如：参与集体备课，增强幼儿教师的合作意识，形成基于合作的"教师文化"，这种集体备课方式，一种是以教师所在幼儿园为单位开展集体备课，另一种是园际之间教师参与集体备课。又如：融入教研组文化，形成幼儿同教师相互合作、相互探讨教学问题的良好氛围。再如：参加园内外教学互动学习活动和园内外"听－说－评课"活动；积极参与园内"传帮带"活动，从"导师制"和"师徒制"中提升教师专业发展。

以上三种发展取向从不同的角度分析了幼儿教师专业发展的内容以及实现幼儿教师发展的途径和方式，在具体的学校情境中，很难绝对地说一种发展取向对教师专业发展有价值或无价值，它们对幼儿教师专业发展都具有一定的借鉴意义。在现实中，幼儿教师的专业发展既离不开大环境的支持，又不能完全依赖于这个整体。这需要通过参加培养与培训，达到自身知识的获得与技能的提高；通过个体的"探究"与"反思"，实现教师实践行为的改进；通过相互合作、相互学习形成良好的"教师文化"，最终实现自身的专业发展。

（二）管理者视角

一般来说，幼儿教师专业发展取向的主体主要包括管理者和教师自身。本部分所探讨的以教育管理者为视角。这里所指的管理者主要包括教育行政部门、幼儿园和幼儿教师培训机构。管理者在对待幼儿教师专业发展取向问题时常常会产生社会本位取向与个人本位取向的不同倾向。在教育目的论基础之上，我们把幼儿教师专业发展取向分成三个维度，即社会本位取向、个人本位取向、社会－个人双重统一取向。

1. 社会本位取向

教育行政部门、幼儿园和教师培训机构促进幼儿教师专业发展的主要方式通常有：岗前培训，为幼儿教师晋升职称服务；在职常规继续教育，为幼儿教师提升教育教学能力服务；成人函授或脱产学习，为幼儿教师提升学历层次服务，等等。

从管理者视角来看，幼儿教师专业发展取向上过于注重社会本位取向，而忽视学前教师个人的真实需求，其具体表现如下。

（1）规格提升受重视，能力培养需加强

近年来，一些地方对幼儿教师人才规格要求不断提升。幼儿教师要想得到进一步发展，其主要路径是通过培训进修使自己的学历达标或取得高学历文凭，这会出现"培训时间短暂性、培训内容应试性、培训方式单一性"的现象。

（2）组织行政化，教师应积极主动

岗前培训和在职培训是当前我国大部分地区开展幼儿教师专业发展活动的主要

方式，而这些培训方式都带有一定的行政化色彩。由于组织的行政化，幼儿教师需积极主动参加各类培训活动。

2. 个人本位取向

个人本位取向实质上是教师本位取向，它是管理者在促进幼儿教师专业发展的活动中，充分尊重幼儿教师的自主意志，关切其情绪发展与需要，积极聆听并支持其心声，以便持续促进教师的专业发展。

（1）个人本位取向强调幼儿教师的主动参与

真正有效的教师专业发展，通常是建立在教师需求驱使的尝试上。主动参与是幼儿教师专业发展的必要条件。作为教师管理者，只有为幼儿教师提供主动参与的机会，才能最大限度地为幼儿教师提供有效载体和平台。例如：可以通过设计相关制度来激励幼儿教师对他们的教育教学实践进行反思。

（2）个人本位取向强调幼儿教师的自我意识

自我意识是幼儿教师专业发展的内在动力。独立的自我意识能把个体对自身发展的影响提高到自觉的水平。具有较强自我专业发展意识的幼儿教师，对自己现在的幼儿教育专业发展水平、目标比较明确，能针对"现在需要什么""怎么做"等问题自觉地制订出自己的专业发展计划，并在专业发展的过程中不断做出合理的调整，达到较完善的状态。因此，从管理者视角来看，不仅要重视幼儿的身心发展，还要关注幼儿教师的身心发展和专业发展，以人性化的态度对待幼儿教师，让其彰显幼儿教师特色，倡导每一位幼儿教师保持差异性，从而从外部环境层面为提升幼儿教师的自主意志和自我意识提供保障。

（3）个人本位取向强调幼儿教师的学习终身化、需求多元化

随着社会的急剧变迁，幼儿教师要不断地充实自己，接受和学习新的幼儿教育知识和教育教学技能。这种学习终身化，一方是幼儿教师专业自身发展的需要，即学前教师可以运用先进的幼儿教育理念来教导幼儿，为幼儿今后成为适应社会、更好地贡献于社会的人才打下坚实的基础；另一方面是幼儿教师自身休闲娱乐的需要，这有益于幼儿教师平时能以良好的精神状态投入教育教学活动。因此，管理者要善于营造终身学习氛围，积极构建终身学习平台，让幼儿教师有机会学习并形成终身学习的习惯。此外，随着社会越来越迈向多元化、民主化，幼儿教师的需求也呈现出多元化特点。因此，管理者要积极赋予幼儿教师自主规划其自身专业发展活动的权力，以充分发挥教师个人的潜能，以满足幼儿教师的多元化需求。

3. 个人－社会双重统一取向

就管理者而言，幼儿教师专业发展取向，既要关注教师专业发展促进幼儿身心发展、提升幼儿教育质量的社会性价值，又要强调教师专业发展对教师自身人格完善、自我价值实现的个体性价值。而这一取向即幼儿教师专业发展的个人－社会双重统一取向。

（1）教师职业和角色的双重性：

从教师角色来看，幼儿教师具有教育者和受雇者的双重性。从经济地位来看，幼儿教师的角色是一名受雇者。对幼儿教师来说，要不断满足幼儿家长、幼儿园、教育行政部门等多方面的要求才能获得较高的经济地位。随着教师资格证书制度、教师聘任制度等的实行，幼儿教师的受雇者意识日渐明确起来，教师的服务不到位，可能随时面临下岗。也正是在这一背景下，管理者在组织教师专业发展活动时，更加强调幼儿教师专业发展的社会本位取向，强调幼儿教育知识再学习及教学方法、技能的操作性训练。

从教师职业的特殊性来看，幼儿教师所教对象是3~6岁儿童，其最主要的角色是要承担教书育人的角色，即教育者角色。也正是教育者这一角色，使得幼儿教师的社会地位不断提高。因此，幼儿教师专业发展活动的开展，需要充分体现教育者的基本需求。教育者角色，意味着幼儿教师不单单是被动适应的受雇者角色，更多的是主动提升自身幼教水平的研究者和实践者。因此，管理者在组织幼儿教师专业发展活动时，在加强"受雇者"的角色训练外，更要从教育者角色出发，激发教师的教育教学主动性和能动性。

（2）关爱生命

对幼儿教师专业发展取向的研究是幼儿教师生命的成长、形成和改变真理的探究。在幼儿教师专业发展的每一个阶段，都应当提升幼儿教师生命的意义，这也是管理者组织幼儿教师专业发展活动的真正意义所在。因此，关爱生命是个人－社会双重统一取向的核心，其主要表现如下。

第一，注重幼儿教师创造性的开发。注重幼儿教师创造性的开发是对传统幼儿教师专业发展取向的突破，它渗透着管理者对幼儿教师生命的关怀。从某种意义上来讲，幼儿教师专业发展是幼儿教师生命活动的重要组成部分，其质量如何，在很大程度上决定幼儿教师的生命价值。管理者在培养幼儿教师创造性开发能力时，可以通过对幼儿教师充分的尊重与激励从而激发教师的创造动机和创新意识；通过营造和谐的人际关系和民主气氛来有意识地培养幼儿教师的创造个性。

第二，关注幼儿教师幼儿教育信念的培养。幼儿教师要成为一名幼儿教育专家，他必须树立符合时代要求的幼儿教育信念。幼儿教师的幼儿教育信念，从宏观层面来看，包括幼儿教育观、儿童观和幼儿教学活动观；从微观层面来看，主要包括幼儿教师学习的信念、幼儿教学的信念、自我作用的信念等。从幼儿教师专业发展的维度来看，幼儿教师的幼儿教育信念反映的是幼儿教师对幼儿教育、对幼儿、对自身学习的基本看法，这一幼儿教育信念，一旦形成之后，在一段时期内会保持相对稳定的状态。

第三，重视幼儿教师专业发展规划的构建。管理者在帮助幼儿教师构建各自的专业发展规划时，首先是专业发展目标的确立。管理者在目标制定过程中，要引导幼儿教师先根据自身因素和社会因素来制定自己的长期目标，并将其分解后根据幼儿园的因素制定相应的中期目标和短期目标。其次是专业发展路线的明确。管理者可以根据幼儿教师的兴趣爱好、价值取向、成就动机等来确定其目标取向；根据幼儿教师的性格特点、教育背景、家庭背景等来确定其能力取向；根据幼儿教师自身所处的外部环境来确定其机会取向。

第四，关照幼儿教师自我发展需要的满足。关照幼儿教师自我发展需要，意味着管理者要把幼儿教师作为其专业发展的主体。因此，管理者在管理与评价过程中，在考虑幼儿教师作为职业人和社会人社会性需求的同时，更应考虑幼儿教师作为有机体生存和发展的个体性需求。根据马斯洛（Abraham H. Maslow）的需要层次理论，我们发现幼儿教师对于自我满足、精神追求等高层次需求是十分渴望的。因此，只有充分关注幼儿教师自我发展需要的满足，才能更好地推动并实现幼儿教师的专业发展。

第二节　幼儿教师专业发展的阶段与动力

幼儿教师专业发展贯穿幼儿教师职业生涯的全过程，受到多种因素的制约。专业发展是一个非线性的过程，其中包括了多个不同的阶段，不同的阶段有不同的发展特征、速度和侧重点。

一、幼儿教师专业发展的阶段

(一) 教师专业发展的基本阶段

了解教师专业发展的阶段及其特点,对于我们采取有效策略促进教师专业发展具有非常重要的意义。

总体来说,教师专业发展是一个持续社会化和个性化的过程,具有多阶段的特征,各阶段发展不平衡,职前与职后形成强烈对比。但是,教师专业发展具体分为哪几个阶段,中外学者形成了很多不同的理论和观点。其中,"关注"阶段论是比较早和较有影响的教师专业发展阶段理论,其他理论大都由此理论演化而来。

1. 关注阶段

此阶段是师资养成时期,师范生扮演学生角色,对于教师角色仅是想象,没有教学经验,只关注自己;不仅如此,对于给他们上课的教师的观察,常常是不含感情的甚至是敌意的。

2. 求生阶段

此阶段是初次接触教学工作,所关注的是作为教师自己的生存问题,所以他们关注对课堂的控制以及被学生喜欢和他人对自己的评价。故在此阶段,他们都具有相当大的压力。

3. 关注教学情境阶段

此阶段关注的是教学和在这种教学情境下如何完成教学任务,所以在此阶段较重视自己的教学,所关注的是自己的教学表现,而不是学生的学习。

4. 关注学生阶段

虽然许多教师在职前教育阶段表达了对学生学习、社会和情绪需求的关注,但是却没有实际的行动。直到他们亲身体验到必须面对和克服较繁重的工作时,才开始把学生作为关注的中心。

无论是关注阶段论,还是其他的教师专业发展阶段理论都表明,教师专业发展是一个持续社会化和个性化的过程。教师的社会化体现为不断按社会要求和社会规范从事教育工作,成为社会认可的合格教师;教师的个性化则体现为个人风格的逐渐形成,即专业自我的最终形成。这说明,教师发展与一般意义上人的发展在本质上都是社会化和个性化的统一。在这个过程中,教师能否得到有效的成长要受很多因素的影响，因而每个教师专业发展达到成熟的时间有长有短；少则三五年，多则十几年、二十年。从教师的整个职业生涯来看，其专业发展既有成熟期，也有保守期和衰退期。因此，如何针对教师职业生涯不同阶段的特点，采取有效措施，创设有利于教师成长的环境，促进其专业发展是世界各国教师、教育界都在不断思考的问题。

（二）幼儿教师专业发展阶段的基本阶段

1. 专业迷茫阶段（职前学习期）

在职前对幼儿教育专业的系统学习中，逐渐了解职业特点，对职业前景产生期待，但对如何成为专业人员、胜任专业工作感到迷茫。危机集中在学生是否喜欢该专业，会导致学生学习态度和行为的分化，表现为是否积极学习专业课程并对职业前景充满希望。

2. 激情适应阶段（入职0~2年）

这时期的教师刚刚步入工作岗位，对工作中的任何事情都充满着好奇和新鲜，工作热情高涨、精力充沛、对事业都抱有美好的向往。但是，这时期的教师也承受着巨大的压力，教学的第一年通常也是教师转向成人世界和自己承担一切责任的时期，需要自己进行调整来适应工作给生活带来的变化。该阶段危机主要集中在新入职的幼儿教师是否基本掌控教学工作，是否能获得积极的自我效能感。

3. 熟悉成长选择阶段（入职3~5年）

这时期的教师经过了几年的教学实践，能够相当娴熟地处理工作上的问题，已经学到一些处理教学事件的基础知识和一般流程，同时会整理并巩固在前一阶段所获得经验和技巧。在这个阶段教师的职业倦怠程度已经比较严重，到达了第一个高峰，这对教师自身以及幼儿都是不利的，应该引起广泛的关注。这个阶段相当于教师职业生涯周期理论中的能力建构期，危机集中在是否进行积极的能力建构，能否获得应有位置与价值。

4. 平稳胜任阶段（入职6~9年）

在这个阶段，教师的工作能力已经达到较高的水平，专业能力还在继续进步，对工作也充满热情，有高度的工作义务感和满足感。这个时期的教师基本上已经拥有稳定的家庭环境，能较好地处理工作和家庭的关系。另外，这个时期的教师善于处理教学中的人际关系，与同事、领导、幼儿、家长以至社区保持良好接触。因此在这个阶段教师的职业倦怠状况相对于前一阶段有明显的好转。该阶段危机主要集中在是否能够稳步发展从而获得积极的职场转折。

5. 发展乏力阶段（入职10~15年）

十余年对幼教工作的习以为常，常常会使这时期教师的职业倦怠达到第二个高峰，且程度要比第三阶段更为明显。该阶段有一部分幼儿教师已经走上领导岗位，工作有了新的挑战，面对挑战他们对工作产生新的乐趣和热情，这对幼儿教师避免职业倦怠也有着积极的作用。该阶段的危机集中在幼儿教师能否突破进取，获得积极的职场深造。

6. 职业融入阶段（16年以上至退休）

安然度过职业倦怠高原的教师，会认同自己的教师角色、确定的专业定位，并越来越把这种专业活动作为自己生活和人生不可或缺的组成部分。这当中的部分杰出教师，会追求对教学工作的更高目标，对专业活动的更高感悟，以达到更高的专业水平。

随着逐步接近退休年龄，能否"老"有所为而获得价值实现，成为教师的注意中心。

幼儿教师专业发展各个阶段及其主要矛盾总结起来如表1-1所示。

表1-1 幼儿教师专业发展各个阶段及其主要矛盾

阶段序号	矛盾与危机	积极结果	消极结果
第一阶段	喜欢该专业——厌恶该专业	积极学习专业课程，对该专业的考试学习、职业前景充满希望	消极学习专业课程，对该专业的考试学习、职业前景心灰意冷
第二阶段	基本掌控保教工作——难以掌控保教工作	获得积极的自我效能感	获得消极的自我效能感
第三阶段	积极能力建构——消极能力建构	获得应有位置与价值	获得应有位置与价值
第四阶段	稳步发展——职业倦怠	获得积极的职场转折	获得消极的职场转折
第五阶段	突破进取——瓶颈效应	获得积极的职场深造	获得消极的职场深造
第六阶段	"老"有所为——"老"无所乐	获得积极的价值实现	获得消极的价值实现

二、幼儿教师专业发展的动力

幼儿教师专业发展既是教师成长的结果，也是教师成长的过程，来自内外两方面的动力支持着这一发展过程。专业发展是幼儿教师促进专业成熟为目标的长期努力过程，是涵盖幼儿教师整个职业生涯的无止境的过程。它必须有持续的内外动力的支撑。

（一）外部动力

促进幼儿教师专业发展的根源性动力，来自其工作对象健康成长的需求以及社会对幼儿教师的期待。

幼儿身心的发展及其保育、教育是一个复杂的问题，存在个体间差异性和发展途径的多样性，需要教师不断地学习、思考和实践经验的积累才能把握。幼儿教师面对的教育对象是多样的，教育情境是复杂的。在从新手到专家的成长过程中，存在着多样性的问题，因此也决定了其专业发展具有多样和复杂的特点。

幼儿教育的改革和发展，伴随着教育理念、教育内容、教育方法的革新，需要教师经常性地更新知识，提高技能才能更好地完成教育教学任务。教师对幼儿的保育和教育是全面的，包括健康、语言、社会、科学与艺术五大领域，每一领域都有目标和内容。幼儿教师既要懂得科学的育儿知识，也要具备对音乐、美术的感受力，各项素质全面发展。同时，幼儿教师的专业实践历程也是与幼儿共同成长的历程，在与幼儿学习的过程中实现教学所长，学习是终身的可持续的。

经济社会的发展是教育事业的长足进步，推动教师队伍的建设，对从教者提出了更高的要求，需要教师经常提升自我。可以说，没有广大教师主动的专业发展，就很难有幼儿教育的普遍提升；没有广大教师职业生涯质量的提升，就很难进一步促进幼儿更好地发展。教育是一个使教育者和受教育者都变得更完善的职业，而只有当教育者自觉地完善自己不断提高自己的专业素质时，才能更有利于幼儿富有个性地全面发展。

（二）内部动力

主体意识的增强是教师专业发展的关键，教师自身对幼教职业的认识、感受，能激发从业内的驱动力，在工作实践中反思努力追求专业发展。幼儿园的教育教学充满着偶发的教育事件和不确定的教学情境，可谓处处是教育时机。从环境的创设到教育活动的组织与实施，以及处理教学中的预设与生成的关系，都是教师创造性地开展工作的过程。教师创造性地开展教育活动也在为专业知识的创新做出贡献。

1. 专业发展的自我追求

幼儿教育是一项专业工作。因此，幼儿教师专业发展的目标，应该强调"专业"，幼儿教师必须牢记，并通过行动达到幼儿教育工作所提出的专业要求，必须奔着专业发展方向努力。

专业发展是教师自己的事，如果一个教师在专业发展上缺乏"我要做"的那股劲儿，那他绝不可能有深入稳固的发展。换言之，自我追求才是支撑幼儿教师专业发展最核心的力量。无数优秀教师的经历告诉我们，有自我追求的教师才会成为有职业幸福感的教师。

2. 创新发展的工作信念

信念是一种对目标坚定不移的精神，有了信念，人才能进而发出气势；幼儿教师在专业发展目标上的信念应该是一种对自己永不满足，对发展现状永不满足，并且要想方设法做得更好的坚定信念。也就是说，我们不做机械重复的事，要做出灵气来。有了这种"创新发展"的工作信念，幼儿教师的专业发展将富有个性，富有生命力；幼儿教师会由内而外地散发出一股力量，她们会在这股力量的支撑下负重前行；她们会不断为自己确立新的目标，以新的创造去超越自己已取得的成绩；获得用信念去追逐事业的进步。

3. 自觉独立的反思习惯

幼儿教师专业发展的一种新的取向和理念是强调教师的自我反思、自我更新。它有利于增加幼儿教师的理性自主，使教师更为主动地参与教学，积极发展专业，使自己的成长始终保持一种动态开放、持续发展的状态。

在目标中我们强调，反思应该是幼儿教师的一种"自觉"行为，是时时、处处、事事中一种自然而然的思考习惯；反思应该以每一位幼儿教师"独立"思考为前提，不依赖他人、不人云亦云，要有自己的思想和解释，而教育智慧就是在反思的过程中诞生的。

（三）生态环境

幼儿教师作为一个社会的人，又是一个独特的个体，其专业发展必会受到许许多多外部因素的影响，也受到教师自身内在心理因素的制约。幼儿教师专业发展的生态环境是以幼儿教师为中心的对其发展产生抑制或促进作用的多维空间和多元的环境系统，既包括一系列文化、经济、伦理观等具有一致性的大环境系统，也包括幼儿教师专业发展的家庭、学校等局部环境和幼儿教师专业发展内部的微观环境。

幼儿教师的专业发展是与其生态环境之间协同进化的可持续发展的过程。要关注教师专业的背景、专业图景中各因素的关系，强调团队的合作与和谐，在更大的视野下看待教师的专业发展问题。幼儿教师专业发展有赖于环境的状态和人的状态，即人与环境相互作用的复合环境。生态学视野下幼儿教师的专业发展是一个多背景、多层次、多主体的复杂的生态系统，要解决当前幼儿教师专业发展存在的问题是一项需要社会与个人携手努力的系统工程，这意味着幼儿园、社会、幼儿教师个体应一起营造幼儿教师专业发展的绿色生态系统，为幼儿教师的专业发展营造一个和谐的生态环境。而且，幼儿教师的专业发展就是生态主体与其环境的综合协调，达到需要动态平衡的结果。

第三节 "互联网+"背景下幼儿教师专业化发展问题及对策

"互联网+"是升级版的互联网，是更加智慧化的互联网，可以跨空间，同步利用多媒体进行各种要素的信息传播与交流。幼儿教师专业发展是指教师的专业成长或教师内在的提升。在信息化时代，幼儿教师专业发展延伸了内在专业结构，更倾向于现实。"互联网+"时代下的教师专业发展逐渐由主导者转变为引导者与合作者。

一、幼儿教师专业发展的旨趣

人的生活是开放性的，具有多种可能性的发展，并非固态。在互联网这样一个开放的场域环境下，幼儿教师的教学理念、角色定位、教学技能及师幼关系并不是固定的实体性存在。在教育教学活动中，教师的自我价值得以实现，但是这种仅局限于自我设计的活动具有很强的主观意味，而"互联网+"的融入使这个看似封闭的场域开放化了，同时新环境也给幼儿教师群体提出更高的要求。

（一）教师专业发展逐渐由掌握教学技能转向注重信息素养能力的培养

教师专业发展不仅包括教学技能的掌握程度和自身角色定位的清晰认知，其在数字环境下更注重的是教师信息素养能力的发展。教学技能作为教师自身素养框架的一个重要组成部分，是开展有效教育教学活动的基本条件，也是自我实现必备的重要技能。互联网时代，教学技能不仅限于自身传递现有教学计划的内容和自身对活动开展的评价等。在各种"+"的衍生环境下，互联网把各个相关要素连接起来，为幼儿教师的专业能力发展创造了很多的机会和空间，这就要求幼儿教师应以开放的心态迎接挑战，善于培养信息意识，抓住时代热点，捕捉最有效的知识信息，将信息与自身实践经验充分整合起来，并通过主动学习与运用来活跃主题活动，提高活动开展的质量，提升自身内在的专业素养，促进每个幼儿的发展水平达到最佳。

（二）教师专业发展逐渐由静态转变为动态连续的过程

在信息化时代，教师的专业发展要扬弃只限于幼儿园事务、内在交流与反馈的静态模式，在"互联网+"背景下应敢于积极对外进行寻找信息、发现信息、参与信息的交叉式互动，形成连续的、有反馈有碰撞的、有多种声音和有实质性意义的存在。"互联网+"为教师提供了高质量的技术信息资源，提供了新的学习机会和成长空间，对外不仅包括与家长的线上沟通，也包括从社会获得信息支持，这就要求幼儿教师要敢于突破陈规，做好顺应时代的心理准备，主动将自身投入"互联网+"时代的大背景中，以新方式完善自己的专业能力，从被动走向自觉。

（三）幼儿教师专业发展逐渐由"掌握部分"转为"走向整体"

教育信息化工作的核心理念是坚持信息技术与教育教学深度融合，换而言之，新环境下的幼儿教师专业发展只掌握一项活动内容是远远不够的。幼儿教师专业发展更需要全方位的学习，将信息技术的获得与教育活动内容、结构相适应，在信息网络中不断丰富，完善自身的知识素养，以达到"点上深化、面上开花"的效果，最终从部分适应走向整体融合。因此，在"互联网+"时代下要敢于"门户开放"，加强幼儿教师彼此间的交叉探讨，不仅要互动，更要探索互动的模式，提高互动的质量，随时就热点问题各抒己见、深度交流，充分利用"互联网+"提升自己的成长空间。

二、幼儿教师专业发展的困境

在新时代、新环境幼儿教师专业发展的语境中，幼儿教师需要展现自我生命之美的状态，处理好与自我、与幼儿、与家园及社会的关系，展示自身的专业性，这就需要在"互联网+"新环境下探析当前幼儿教师专业发展的困境。

（一）教师与自我：教师发展意识薄弱，自我成长空间受限

1. 择业动因和工作动机

选择职业的意愿，是从事职业的内在动力。择业动因是个体选择某一职业的理由和原因，它受多种因素影响，如：性格特征、家庭情况、周围环境、生活经验、时代背景。积极的择业动因可能会给个体的职业生活带来积极的情感体验；反之，消极的择业动因可能带来消极的情感体验。

如果个体的择业动因是自发的，则会发自内心的喜欢，履职有一定的自觉性；若是来自外部的因素，则会有一定程度的排斥和抱怨，履职就缺乏自觉性。高水平的职业态度能使教师对教育教学活动的自我效能感增强，认识到自己工作的重要性，能从工作中体验到自我满足，并能从认知上对教师职业产生强烈的职业认同感，在教育教学行为上表现为富有热情，充满爱心、耐心、责任心。

2. 职业认同感

职业认同是个体对所从事职业的肯定性评价，指一个人从内心认为自己从事的职业有价值、有意义，并能从中找到乐趣。幼儿教师对本职工作越是认同，在感情上越是依恋，就越能促使他们将本职工作视为有意义和有价值的事情。

理想信念是幼儿教师专业成长的稳定、坚毅、持恒的动力。几乎每个优秀教师都有自己的教育信仰。教师的自我专业追求如果内化为信念，就不会被消解，从而形成坚毅、持恒的动力。追求就在自身的土壤中，一旦拥有它，生命的种子就会迸发出无限潜能，生根、发芽、开花，结出丰硕的果实。只有这样，幼儿教师的专业发展才可能是非形式的、非浮华的、非急功近利的真正持久的过程。

3. 工作成就感

工作成就感是指教师在工作中因为个人的成长与进步或幼儿的成长与进步而体验到的积极情感。教师的工作成就感是激励教师从事和热情投入教师专业的主观因素，顺利、成功时产生的积极情绪及舒适的身心状态会使幼儿教师获得良好的情绪体验，提高自我评价，增强教师的自我期望。

学习型组织理论认为自我超越是一种对人的潜能的开发，是一种"创造性张力"的自我扩张，是一种对极限的自我突破。教师专业发展的自我超越需实现"三个要"：首先，要有将工具性专业发展观转变为创造性专业发展观。如果幼儿教师仅把专业发展当成获得专业职称、奖励等个人利益的工具，是不可能超越自我极限

的。其次，要超越自我头脑里的极限。一个人、一个团体发展的最大障碍既不是上级，也不是所处的环境，而是人自己头脑里的极限。最后，要勇于挑战自我专业发展极限，在"能力极限边缘工作"，把看似常规的行为"问题化"，自找"最不满意的领域"，试验新的教学变革，攀登自己的顶峰，实现自己的最大发展。

教师发展是一个生命整体的发展，教师需要过一种完整的生活，展现完整的生命状态，专业发展是其中一个重要的组成部分。在教师专业发展过程中，教师专业知识技能得到提升，但在"互联网＋"新时代下，不能简单地认为线性知识和技能的积累就是教师专业发展，教师专业发展应该是教师个人的整体性发展。这种整体性发展包含自我发展的意识，即教师不仅是传道授业解惑者，同时还会在传道授业解惑中自我反思、成长，产生面向自我的思考。随着信息技术应用领域的不断拓展，幼儿教师普遍以多媒体作为教育活动开展的辅助工具。

（二）教师与幼儿：师幼冲突处理不当，双主体间对话失衡

师生冲突是双方由于认知、所处地位等各方面差异而出现的旨在制止对方行为并实现个体目的的互动过程。与幼儿形成和谐发展的关系是体现幼儿教师专业发展的重要评价指标。在幼儿园中经常被关注的是幼儿之间的同伴冲突，却忽略了教师对幼儿的隐性控制。有研究者指出，教师高度权威的身份会影响幼儿社会技能的发展，使幼儿过度依赖于教师，这种隐形控制实质上是教师与幼儿由于某些事件引起的消极互动，冲突的结果往往以教师的主观意识为主。在互联网飞速发展的今天，部分教师对多媒体信息技术缺少必要的知识储备，只是购买或在网上下载相关教学资源，缺乏与幼儿实际情况的联系，造成"本土化的丢失"，当幼儿对问题的回答与教师利用多媒体进行活动展开的预设不一致时，教师的关注倾向于相关答案的幼儿，否认甚至忽略其他答案的幼儿，没有深度了解幼儿的想法，幼儿在隐形的冲突下选择沉默，教师没有有意识地探寻幼儿出现沉默的原因，而是归于幼儿性格内向等原因，实际师幼双方并没有站在同一条逻辑线上，教师没有理解新环境下的幼儿，幼儿也没有机会将自己的想法表达出来，对话的失衡反过来又形成师幼冲突的根源。

（三）教师与家长：家园对话空间有限，合作机制效能不足

家园联系与合作强调教师与家长进行有效沟通合作，共同促进幼儿发展。传统的家园合作主要以幼儿园、教师为主力，包揽家园互动的开展、组织与实施，家长只是以"应邀者"的身份被动加入，双方的对话停留在"你说我做"的层面上。

随着时代发展，教师与家长都处在信息化环境之中，家园互动从线下交流转变为以线上交流为主的互动模式。媒介具有跨越时空、及时便捷等特点，家长接收到大量信息，如：班级主题活动安排、育儿知识、问卷调查，一时间应接不暇。教师也在信息化环境下为家长输送知识、工作事宜等信息。教师在网络平台上看似与家长进行了交流，实质上只是静态地传播消息，双方长期处于"潜水"的状态，教师没有引申话题，家长没有积极反馈，对话交流成为表面形式。真正的空间对话是互动的，是以幼儿发展为主题的，双方以平等的身份就幼儿的发展状况及困惑进行探讨。

（四）教师与社会：教师经验互动不足，沟通共享平台缺失

信息资源触手可及，教师信息素养愈加成为现代教师专业内在发展的基本要素。信息素养并不是自然获得的，而是基于自身相关经验信息的基础上善于学会捕捉信息的习得，这是从个人分享到平台共享的过程，网络共享平台是"互联网+"时代幼儿教育创新驱动发展的支撑力。目前，众多幼儿教师将自身教育教学活动的经验与反思通过日记的方式表达出来，最终成为属于自己的教学经验，但大多数没有与同行、外界形成反馈互动模式。互联网利用也仅局限于教学活动开展中幼儿所需的图像资料、视频，与教师所需展示资料及模板的搜索、下载，多数主体在网络互动平台中长期处于"潜水"状态，没有充分利用网络共享平台的优势，只是"看别人的故事，走自己的路"。教师限于自身摸索，没有充分向外界展示其在教学中的乐趣、困惑与迷茫，缺乏互动意识，无法在与同行的沟通中获得支持与共享。从本质上看，这种教学活动的深层次意义是封闭的。教师专业发展实质上是教师专业成长的过程，这种成长并非闭门造车，而是要适应时代发展，在网络平台中勇于表达，在沟通中用经验事实说话。这是一个不断发现问题、提出问题、总结经验的发展过程。

三、幼儿教师专业发展的路向探讨

幼儿教师专业发展在进步中不断被赋予时代的内涵，幼儿教师专业发展体现着幼儿教师自身的胜任能力，也是教师自身素养的外延式体现。随着信息化的高速发展，新环境对幼儿教师专业发展提出了新的时代诉求，教师群体要积极应对，以爱之智慧提高自身素养，向外拓宽交流空间，充分利用"互联网+"的存在，线上线下有机融合，将专业发展贯穿于完整的教学生命，实现教育力量之美。

（一）幼儿教师专业发展的主要途径与方法

幼儿教师自觉地做一名学习者，既是时代发展的要求，也是教育自身内在的必然要求。随着知识经济时代的到来，知识增长迅速，更新周期日趋短暂，仅靠在学校学习到的有限知识已远远不能达到社会的要求。海量的知识使得教师职业的要求越来越高。在20世纪60年代有学者提出了"终身教育"的理念，打破了传统的学习与工作分开的模式，强调教育应该成为伴随人们终身的、持续不断的活动过程。作为教育一线的幼儿教师，面对着身心可塑性极强的学生，必须不断学习、充实自己，在不断学习中完善自己的知识体系，掌握幼儿教育规律，探讨适合幼儿教育的最佳途径，逐步走向教育专业化的发展道路。

教师专业的发展转变，要求幼儿教师专业发展与学习活动要根植于幼儿园和教师的工作实际，强调教师的不断学习、不断完善，强调教师的批判反思能力和有意义的合作，强调教师善于"在工作中研究，在研究中工作"，强调教师学会自我激励，不断进取。

1. 开展多渠道学习

在基于问题的学习模式中，更多地体现了学习者学习的自主性、独立性。幼儿教师可以根据自己的需要自主选择学习知识、自主选择解决问题的途径；可以通过资料查询、参加相关的培训、与同事展开讨论以及自我反思等方式获得解决问题所需的知识。在多途径的学习过程中，幼儿教师可以充分发挥自己的主动性和独创性，独立构建自己所需的知识，可以通过不断反思以及批判性的思考获得对某一问题的见解。

例如：对于幼儿教师来说，积极参加职前培养与职后培训是促进自身专业发展的一个重要途径。①积极参加职前培养。幼儿教师要想实现自身的专业发展，一个重要的途径便是参加职前培养。我国幼儿教师职前培养主要由幼儿师范学校中等师范学校、高等师范院校的幼儿教育系来完成。通过本科层次幼儿教师的培养提高幼儿教师队伍整体素质，是实现幼儿教师专业发展的途径之一。②积极参加职后培训。幼儿教师的专业发展是一个长期的过程，是一个终身学习的过程。而且，幼儿教师在自己的职业生涯过程中，为了更好地开展教育教学工作，实现教育教学的目的，必须要定期更新和补充知识、技巧、能力。由于幼儿教师职后培训是幼儿教师更新和补充自己的知识、技巧和能力的一个重要手段，因而积极参加职后培训也是幼儿教师促进自身专业发展的一个重要途径。就目前来说，幼儿教师参加职后培养的方式主要有以下几种。第一，通过观摩和分析优秀幼儿教师的教育教学活动，掌握各种教学技能和技巧，从而有意识地调整自己的教育教学方法，以便取得更好的教学成果。第二，通过参与教学来提高自己的教育教学技能，继而促进课堂教学质量的不断提高。第三，通过合作学习的方式来获得专业成长。当前幼儿教师专业发展已经从以往关注幼儿教师的自治和个人发展，转向强调合作文化和教师的集体成长，强调幼儿教师之间以及在教育实践活动上的专业对话、沟通、协调和合作，共同分享经验，因此，合作学习也是对幼儿教师进行职后培养的一个重要方式。

2. 发展策略性思维

策略性思维最根本的要素是创造力，因此策略性思维也被称为创造性思维。人的智力与创造力之间有着极为密切的关系，可以这样说，策略思维能力极强的人通常都有着很强的创造力。但反过来，有一定创意能力的人并不一定具备优秀的策略性思维。策略性思维主要是处理更为复杂的问题，在解决问题时需要具有极强的创造力。因此发展策略性思维是促进幼儿教师专业发展的重要手段。

在幼儿教育中，基于问题的学习把幼儿教师置于问题情境中，在解决不良性结构问题的过程中，教师面对的是片面的、零碎的、不完善的学习材料，因此会想办法去研究、去解决，在这一过程中教师的策略性思维可以得到积极发展，这种发展对于幼儿教师解决教育情境中的其他问题具有指导性意义。

3. 通过合作完善自己

在社会分工高度细化的当代社会，教师要学会与不同行业、不同领域的人员合作，以构建自己的知识体系，适应当代社会对教师素质的要求。在基于问题学习的模式中，对于同一问题，不同的教师有不同的见解，幼儿教师作为一线工作人员，在日常工作中会遇到各种各样的问题，并对问题的解决有自己的看法，他们的合作对于问题解决起到很大的促进作用，而且通过教师之间的合作、交流，有利于教师构建自己的知识体系。

例如：进行园本教研，也是幼儿教师提高自身专业能力的一个重要途径。所谓园本教研，就是以园为本的教育教学研究，是一种以幼儿园为研究基地，以一线幼儿教师为研究主体，以幼儿教师在教育教学实践中所遇到的真实问题为研究对象的研究活动。园本教研实际上是幼儿教师在通过研究教学中的问题，找到解决问题的途径，并在这一过程中获得提高和发展。因此，幼儿教师通过积极参与园本教研，可以有效提高自身的专业能力，继而促进自身实现专业化发展。

4. 合理规划

幼儿教师要实现自己的专业发展，必须要制定与自身相符合的专业发展规划。所谓幼儿教师专业发展规划，简单来说就是幼儿教师对自己的专业发展进行的规划，主要包括以下几方面的内容。第一，幼儿教师对职业目标与预期成就的设想。第二，幼儿教师对工作单位和岗位的选择。第三，幼儿教师对各专业素养的具体目标的设计。第四，幼儿教师对成长阶段的设计以及采取的措施。

幼儿教师在制定自己的专业发展规划时，要使其在自己的专业发展过程中真正发挥有效的作用，必须遵循以下几方面的要求。

（1）要有鲜明的个性

幼儿教师专业发展规划是幼儿教师自我的、个人的规划，而非他人的规划，是与幼儿教师的个人专业发展、职业生涯、学习和工作有关的规划，因而必须要有鲜明的个性。只有这样，幼儿教师所制定的专业发展规划才能对自身发展真正地发挥作用。

（2）要有具体的内容

幼儿教师专业发展规划一定要具体明确，既不能含糊其辞，又不能泛泛而谈，不管是专业发展的目标、方法、路径，还是策略，必须具体细化，写明是什么、为什么、做什么、怎样做、何时做，等等。此外，语言描述也要简洁明确，清晰具体，要避免笼统、概括、有歧义的语言。

（3）要切实可行

幼儿教师专业发展规划在制定后是要予以实施的，因而必须切实可行。为此，幼儿教师在制定专业发展规划时，一定要从自身专业发展的实际出发、从自己所处的环境、从自己所面临的问题和需要出发，要强调专业发展规划的现实性和针对性，切不可从书本上、网络上拿来他人的言辞和规划为己所用，使专业发展规划成为他人的规划，从而失去应用的价值。

（4）要有明显的效果

幼儿教师专业发展规划不能空谈道理和概念，不能只在"应该"怎样、"已经"怎样上兜圈子，更多地要思考在个人专业发展中，还要做什么，怎样才能让自己的专业发展更好、更快、更有效。也就是说，幼儿教师所制定的专业发展规划一定要能够对自己的专业发展有所帮助。

幼儿教师专业发展规划是幼儿教师为自己的专业发展设计的一个蓝图，是幼儿教师基于自我认识、环境分析、深入思考的结果。幼儿教师要确保自己所制定的专业发展规划是客观的、全面的、可行的，需要按照以下的思路进行设计：①分析专业发展的现状水平。幼儿教师在制定专业发展规划时，首先要做的是分析自己专业发展的现状水平。对自己专业发展现状水平的分析是否真实、到位，将影响到幼儿教师所制定的专业发展规划是否有效。此外，幼儿教师在对自己的专业发展现状水平进行分析时，主要应分析自己在专业发展中的优势以及专业发展中存在的问题。②拟定专业发展目标。幼儿教师的专业发展目标是在现状分析基础上针对问题提出的自己发展的目标。幼儿教师在拟定自己专业发展的目标时，要特别注意以下两方面。第一，幼儿教师专业发展目标应包括两部分：一部分是总体目标，即发展的总体思路和发展方向；另一部分是把总体目标分解成具体的阶段目标，并写明自己如何分阶段实施达成目标。这样做便于幼儿教师在专业发展的过程中，心中时刻装有目标，使幼儿教师的发展方向清晰。第二，幼儿教师专业发展目标应具体明确，切忌宽泛空洞。③采取专业发展措施。专业发展措施是幼儿教师在专业发展目标基础上制定的措施，是具体的做法，使目标通过措施的完成落到实处，这样不会使幼儿教师在发展过程中盲从或不知所措。幼儿教师在制定自己专业发展的措施时，要特别注意以下几方面。第一，幼儿教师所制定的专业发展措施必须要有针对性。第二，幼儿教师所制定的专业发展措施必须是具体明确的。第三，幼儿教师所制定的专业发展措施必须具有可操作性。④检测专业发展目标的达成情况。检测是为了落实幼儿教师专业发展目标的达成，是与目标的自我对话。它是幼儿教育执行专业发展规划的最后环节和必要环节，检测内容紧扣发展目标，同时在达成目标方面还要对每一个目标所经历的过程进行回顾反思，梳理出策略和方法。

5. 运用策略

幼儿教师具有较多的学习资源，对控制学习过程也具有很强的主动性。然而，如何有效地利用这些学习资源，如何有效地分配学习时间以及管理学习过程，主要体现在学习策略的运用上。

幼儿教师可以结合实际运用合适的学习策略。如：可以通过笔记、评注、摘抄、总结提炼等精加工策略对原有信息进一步挖掘、提升，从而加深理解或记忆，获得对学习内容的理解、记忆和知识建构；也可以借助轮廓法、系统结构地图法、归类法、概括法、纲要法、概念图法等组织策略把分散的、孤立的知识集合成一个整体，并标示出它们之间的关系，使信息由繁到简、由无序到有序，使知识要点成为记忆图式。

6. 自律

幼儿教师的专业成长，不仅仅要知道如何去成长，更重要的是要知道应该如何保证有效的"自我执行力"。首先，要培养积极、愉快的情绪、情感。教师应该学会适时放松自己、给自己减压，让自己保持良好的学习状态。其次，要维持较强的学习动机。教师在自我导向学习中应该时刻提醒自己所要达到的专业发展目标，维持较强的学习动机。

（二）培养教师叙事探究意识

教师的自我发展是内外因相互作用的结果，内因是事物发展的源泉和动力，本质上是教师主体性的发展。"教师成为研究者"逐渐成为教师实现专业自主的必要条件。叙事探究方法为幼儿教师落实自我发展提供了可靠路径。叙事探究旨在显现、诠释经验，让智慧扎根于经验的土壤中，在此基础上强调重构经验，并不断走向超越，成为一种富有生命张力的智慧方式。教师的专业活动由教学生活中无数"事件"构成，教师运用时间维度将这些"事件"组织起来构成了自我叙事，其强调的是用经验故事来说明主题。作为幼儿教师，在每日的教育教学活动中与幼儿在活动内外进行互动交流，幼儿本身的发展变化就是难能可贵的经验素材。动用信息技术构建社会互动平台，有利于教师对教育共同体的探究。作为个体的教师将教学过程经验展示在网络平台上，与有共同目标的群体相互阐发后，表述他们的看法，让探究共同体在不断的矛盾中形成回馈于自身的反思性研究，通过反思，再回到实际的教学活动中进行探究。以自身经验为立足点，去理解存在的丰富性，这种超越性的意识是具有智慧的，这种有意识的叙事探究带有很深的自我成长的意味，让爱之源泉植根于实践对象中。互联网的存在使叙事探究得以生根，教师专业成长在信息技术的支持下不仅可以自我检验、受到监督，还可以不断重构经验，走向自我超越。

（三）促进平等对话需正确对待师幼冲突

教师和幼儿不是简单的人与物、主体与客体的关系，而是自我主体与对象主体之间价值平等的对话关系，是人与人之间精神平等的主体间交往，师幼双方是一种主体性的存在。当教师将在网络媒介中获取的教学资源运用于教学活动时，教师要以幼儿为主体，选取的主题、表现的形式要与幼儿的身心发展特征及实际生活情况相关联。当幼儿就一个画面、一个人物联想到自身的先行经验并有积极表达欲望时，教师不应带着自身的权威性去打断、阻止幼儿与教师或同伴的交流，而是要给予足够的空间让幼儿敢想、敢说，教师要细心听、耐心听。当幼儿的想法与教师或其他幼儿对立时，教师的角色不是矛盾的制止者而是协调者，是由教育者转变为儿童成长的协助者和支持者。教师要树立一种服务意识，一种以儿童为主体的教育观。如果活动内容以屏幕的形式呈现，就要求教师在活动开展导入时增加有效提问、回答的时间，积极调动幼儿的参与性，让幼儿有机会表达自己。教师在生活中要善于关注幼儿的变化，发现问题，在实践探究中提高教育发现能力，在发现矛盾时进行开放性的积极回应，不过多干预幼儿，以引导性、参与性的方式帮助幼儿识别问题、解决问题，给予幼儿表达自我的机会，遵循"不让每一个幼儿沉默"的理念，这也是促进教师自我反思教育活动开展的意义所在。以积极的教学心态处理师幼冲突，在真正的自由空间中平等交流，着力提高师幼合作的质量，真正促进教师专业发展在实践中成长。

（四）加强家园情感共育的有效途径

信息技术的出现不仅对教师职业与教师角色提出了新的挑战，也将教师职业带进信息化状态和信息化环境之中，教师职业状态发生了新变化。从广义上看，教师要提供指向专业外的专业服务，其中一个重要的方面是作为第二父母的幼儿教师与作为幼儿第一任教师的父母之间的对话质量，这是影响教师展开针对性教育活动的参考依据，与之相关联的教学质量是作为考核教师专业发展水平的重要参数。教学对话在网络媒介下隐性地影响教师教育教学活动的开展，在"互联网＋"环境下，社交网络让教学互动亲密无间。互联网的广泛影响，虚拟平台的无形存在，为"家"与"园"巧妙地搭建了互动的桥梁。家园双方在网络平台中通过微信班级群的建立，家园微信公众号的推送，幼儿园网站平台的开放，可以全方位地了解幼儿的生活习惯。教师可针对孩子发展的差异性有效地开展教育活动，家长可及时获得相关的保教知识和幼儿园工作动态，就热点话题展开主题探讨，并在对话中促进教师自我反思，实质上为双方的自主学习和情感交流建立了基本的信任感。在互动中以共育为出发点，家长理解了教师工作的琐碎与辛苦，教师也为幼儿更好的发展向家长提出教育建议，有助于双方深层次的理解。网络的存在和"家"的有效性参与，以及"园"的组织开展，实质上是相互配合的关系，促进家园的和谐成长，也是教师专业发展中服务的一个重要维度。

（五）打造教师队伍专业发展便利的平台

从更深层次来说，"互联网＋"是将信息技术应用于某个领域，使之相互结合，形成聚合效应。运用多媒体技术辅助课堂教学活动开展，既为教师提供了教学方便，同时也对教师提出了更高的要求。"互联网+"的特征为平等、开放和共享，幼儿园及相关机构在互联网上创建有关幼儿教师及相关行业的主题分享平台，形成网络式的互动是目前教师专业发展的有效途径。互联网上没有所谓的话语权威性的专家，所有的教师都拥有平等的话语权，可畅所欲言地将自身的教学故事、经验与大家共享，产生内心深处的共鸣。更通俗地说，就是教师把属于自身经历过的东西，与属于任何一个人的经验联系起来了。由于每个教师的教育对象都是幼儿，话题也都是围绕每个教师的活动内容和经验进行交流探讨，所以网络互动不仅可以帮助教师在讨论时反思自我，还会促成其在实践中的积极运用，并将效果反馈于网络，形成大家的信息知识来源，形成"共享关爱、共享活动、共享知识、共享伦理的'社会行为'的沟通"，"互联网+"这个信息媒介使教师的经验得以共享，将关爱幼儿植根于工作活动中展开，为教师专业知识的增长、教师共同体的发展提供了以个体社会行为为基础的对话共享，从而形成教师队伍专业发展的强大动力。

（六）学前教师专业发展的自我管理策略

职业生涯设计是幼儿教师认识自己、分析环境、确立目标与制订行动计划的有机统一。这个过程就是教师职业生涯规划的自我管理。通过职业生涯自我管理，可以使幼儿教师明确自己一生将要奋斗和可能实现的目标。在幼儿教师职业生涯规划的自我管理策略中，最重要的是明确教师职业生涯设计的程序，并能根据每个程序的要素做出努力。

1. 全面认识自我

认识自己常用的方法有"SWOT分析法"，将自己各方面情况进行综合和概括，分析自己的优势（Strength）、劣势（Weakness）、面临的机遇（Opportunity）和威胁（Threats）。其中，优劣势的分析通过对自我及与周围同事的对比分析，全面认识自己的知识、能力、个性、自我的优势和缺陷。机会与威胁分析则着眼于环境的影响力，通过机会与威胁的分析，可以帮助教师把握自我专业发展的大方向，使自己的发展与学校、社会和儿童的需要结合起来。

专业成长的过程实际上也是教师认识自我、准确定位、进一步提升自我价值的过程，了解自我即意味着清楚成长的起点，了解自我也意味着明确成长的目标。正确、客观、积极的自我认同是"做更好的自己"的基础，理性分析自己优势与特点、找准起点、选择突破点，制定自我专业发展规划是"做更好的自己"的第一步。

2. 确立职业生涯目标

任何教师要想取得更高的成就，首先必须有远大的理想，不断地给自己提出更高的目标。有研究发现，人的抱负层级与成就为正向相关关系，人的抱负层级越高，成就也越大。作为教师来说，必须要有自己一生为之奋斗的目标。有理想、有目标才能不断地增强教师自我发展意识和使命感，才能不断地进行自我挑战，不断地进步。优秀教师是理想与信仰驱动的使者。人活着，一定要有生活的目标。幼儿教师应当树立做一个对幼儿一生产生重要影响人的职业理想，并以此为荣，以此为乐。

3. 设计行动方案

在设计好自己的职业生涯规划后，要想有效地促进个人职业的发展，关键在于行动。不要以"会做了，才能去做"掩饰自己在专业发展中遇到的困难和挫折，要勇敢地面对专业发展中的挑战与挫折，勇敢克服专业中的实际困难，勇敢地面对自我成长中的问题，勇于尝试，大胆行动，敢做敢为，在实践中拓荒、审视、积累、薄发，在历练中实现自己的专业成长。

根据自己设计好的计划，再从一日、一周、一月的计划实施下去，直到实现自己的短期、中期和长期目标。为了使自己能更好兑实现承诺，可以将自己的计划公开，一方面，可征求别人的意见和建议，汇集众人的智慧帮助自己更好地成长，特别是有共同志向的同事，可以共同合作进行职业发展；另一方面，通过公开计划，可以对自己进行约束，也方便大家监督。

4. 评估与反馈

要使幼儿教师生涯规划行之有效，就必须不断地对教师生涯规划进行评估与修订。修订的内容应包括教师职业的重新选择，譬如重新选择幼儿园、重新选择幼儿园里的其他工作、重新选择该工作的不同岗位、重新调整该岗位的不同要求，等等。幼儿教师生涯路线和目标的重新选择、实施方案与计划的变更等，都需要评估和反馈，评估与反馈可使整个设计程序更趋向科学化。在评估时要关注以下4点：①关注最重要的内容；②分离出最重要的要求；③找到突破方向；④关注最弱点。职业生涯规划的评估与反馈过程是个人对自己不断认识的过程，更也是对社会不断认识的过程，是使教师职业生涯规划更有效的重要手段。

这4个环节共同构成了幼儿教师职业生涯规划的程序方法链，并形成设计程序体系。当然，教师职业生涯规划设计绝不是教师个人单方面的责任，而是个人、领导、人力资源部门三方的共同责任。教师负责自我规划，领导负责指导帮助，人力资源部门负责提供培训、资金、机会等公共服务。不能因为强调教师职业的特殊性、强调其主体能动性，就造成某一角色的责任缺位。

四、幼儿教师专业发展的保障

百年大计，教育为本；教育大计，教师为本。发展幼儿教育事业是政府不可推卸的责任，同样，幼儿教师的专业发展也离不开政府的支持。这种支持主要表现为建立健全幼儿教师专业发展的政策法规保障体系。从生态学的视角分析，幼儿教师专业成长是教师个体与周围各种影响因素之间相互作用的结果，这种相互作用构成了一个庞大的生态系统，这一庞大的生态系统又由若干子系统构成，其中，政策法规保障机制是幼儿教师专业发展的宏观系统，社会力量支持是宏观系统，幼儿同组织环境是中间系统，教师自身发展需求则是微观系统。任何一个子系统出现问题都会导致幼儿教师专业发展的整个生态系统失衡，从而对幼儿教师专业发展造成障碍。

（一）制定严格的幼儿教师专业发展标准

中国教育学会顾明远教授曾指出，社会职业有一条铁的规律，即只有专业化才有社会地位，才能受到社会的尊重。如果一种职业是人人可以担任的，那么在社会上是没有地位的。如果教师没有社会地位，教师的职业不被社会尊重，那么这个社会的教育大厦就会倒塌，这个社会也不会进步。事实上，我国教师的社会地位和学术影响远不如医生、律师等职业，幼儿教师尤其突出。原因在于，长期以来我国幼儿教师没有明确、严格的从业标准。

因此，应该从政策法规的层面制定严格的幼儿教师从业标准，强化幼儿教师的专业特性，这是促进教师专业发展的重要策略。应该让幼儿教育真正成为基础教育的一部分，强化政府管理和督导职能，在人事档案管理、职称评聘、民办教师转公办教师、评优先进等方面应和中小学教师一视同仁，规范教师的专业发展。

（二）完善专业技术职务评定和资格认定制度

职业内部有无独立的、可操作性强的专业技术职务评定和资格认定的规范与制度，是该职业有无严格从业标准的一个基本表现。我国幼儿教师并非没有专业技术职务评定和资格认定制度，只是长期以来，因种种原因，这套规范和制度很不健全和完善，从而使幼儿教师的职业特性较其他教师群体相对较弱。

多年来，义务教育阶段的教师专业发展政策已经形成了较为完备的体系，对教师专业发展起到了极大的推动作用。在义务教育阶段，教师的专业能力与专业培训资历是晋升和奖励的重要依据，职称评定、工资晋升、职务提升等方面的激励政策能激发教师参加专业培训，增加其专业能力的积极性；教师继续教育的程度与加薪、职称晋升、职务提升及各种奖励挂钩，教师带薪进修、休假进修，以及长期进修、中期进修和短期进修制度正逐步推进；日趋合理的教师评价制度，正不断影响着教师专业发展的动机、方向和程度，并对教师专业发展具有导向、诊断和鼓励作用，这些行之有效的措施，都是值得幼儿教师专业发展政策参照和借鉴的。

幼儿教育有其独特的规律和法则，幼儿教师职业也有其特殊性，因此我们理应从政策层面健全和完善幼儿教师专业技术职务评定和资格认定制度。目前，至少应该在制定幼儿教师从业标准的基础上，将幼儿教师的编制、职称等方面的制度和规范进一步落实，以强化幼儿教师的职业特性。

第二章 互联网+幼儿教师信息素养概述

第一节 幼儿教师信息技术素养的必要性

一、呵护幼儿在信息化社会中健康成长

以互联网、信息技术为代表的第三次工业革命对我们的生活影响越来越大，逐渐改变了我们的生活习惯和思维方式。3D数字制造、能源互联网、个性化消费、家庭工厂、虚拟化生活、"微学位"、数字化学校、数字化教师将成为未来生活的主流。

《幼儿教师专业标准（试行）》要求幼儿教师具有一定的现代信息技术知识（专业知识维度中的通识性知识）。教师的信息技术应用能力也将作为教师资格认定、职务（职称）评聘的必备条件，幼儿教师也在其中。信息技术素养是当今每个教师应具备的专业素养之一，当技术成为现代教育教学过程的组成部分，不管其定位是辅助、支持的角色是引领地位，教师自身都应该具备必要的信息技术素养，以进一步提升教学效果和教学质量，培养学生的信息素养以及对信息化社会的适应能力。

严禁儿童使用信息技术或者对儿童信息技术的使用置之不理都不是明智的做法。幼儿教师是儿童学习活动的支持者、合作者和引导者，针对幼儿的教学活动要符合儿童的年龄、个性和文化特征。根据这些特征，幼儿教师应该具备选择合适的信息技术、知道何时使用信息技术、掌握怎样使用信息技术的能力，以此支持儿童的学习与发展。幼儿教师应该引导孩子以合理健康的方式使用信息技术，认识到信息技术对人类生活的影响，这些不仅是家长和社会的责任，也是当今幼儿教师的责任。

因此，幼儿教师需要了解信息时代的学习工具和学习特点，应当具备在教学实践中应用信息技术的能力，并形成信息技术素养。

二、提高学前教育信息化的发展质量

我国的学前教育信息化在教育信息化浪潮的推动下取得了长足进步。最常见的广播设备、照相机、电视机、投影仪乃至更具交互性和智能性的交互式电子白板、触摸一体机、智能机器人、3D打印机在不同地区、不同等级的幼儿园中均有所应用。但目前的发展中仍有诸多问题，如：缺乏内涵式发展，在软硬件资源的配备、信息技术应用的层次、幼儿教师的信息技术应用能力等方面仍有很大的提升空间。若幼儿教师具备良好的信息技术素养，则能在很大程度上提升学前教育信息化的发展质量。

学前教育信息化的核心是信息技术在幼儿教育中的应用，其在现实中的问题较为突出。首先是使用率不高的问题。或许是对新技术、新媒体的抵触，或许是个人现代信息技术水平有限，也或许是教师觉得制作课件比较麻烦或难以获得与教学相契合的资源等原因，以致信息化设备购买后无人问津而成为摆设的现象在幼儿园中屡见不鲜。其次是低层次、简单化、随意化应用的问题，比如教育活动中放一首歌、插播一段动画，技术与教育目标结合不紧密，难以把技术手段自然融入教育活动以优化教育效果。信息技术要用于呈现那些传统课堂难以表现的画面或场景，但把唾手可得的实物翻拍成照片的做法是不明智的。

幼儿教师这个特殊群体比较复杂，有高学历的，有低学历的，也有接受过中等教育的，有年轻的，也有年长的。他们对计算机、多媒体、网络的接受能力和教学应用能力差别很大。幼儿教师的现代信息技术能力特点整体可概括为：多数幼儿教师能认识到信息技术的重要性，但对信息技术（现代教育技术）的内涵并不太了解；幼儿教师的信息技术能力大多仅限于计算机基本操作，网络信息获取和多媒体素材的加工整合等能力较弱；多数幼儿教师能够开展一些简单的多媒体教学活动，但缺乏融合理论的指导，信息化教学应用能力不强。

三、支持幼儿教师的专业发展与终身学习

《幼儿教师专业标准（试行）》的颁布与实施使幼儿教师的专业化身份得以真正确立。具备信息技术素养对幼儿教师的专业学习、知识更新、能力提升具有重要

的促进作用，从而使其更好地进行专业发展。

《幼儿园教育指导纲要（试行）》中对教师角色和主要任务进行了直接的阐述：①教师应作为幼儿学习活动的支持者、合作者、引导者；②以关怀、接纳、尊重的态度与幼儿交往；③善于发现幼儿感兴趣的事物、游戏和偶发事件中隐含的教育价值，把握时机，积极引导；④尊重幼儿在发展水平、能力、经验、学习方式等方面的个体差异，关注幼儿的特殊需要。

教师要适应信息化时代，就要有全新的教学观念和技术素养。信息化时代的教学更加强调了做中学、寓教于乐，并为此提供了多样的选择。这也为优化学前教育环境和支持幼儿教师教学与自身发展提供了更多的可能性。在信息化时代，幼儿教师的角色也面临着转型。信息时代的教育要求幼儿教师应有新的角色，她们应该成为引导型教师、创造型教师、方法型教师、因材施教型教师。

幼儿教师是幼儿有意义学习的建构者。幼儿教师不仅是知识的传输者，更是幼儿有意义学习的建构者，在幼儿的学习中成为他们的支持者、合作者，以及幼儿交往和行为的引导者。信息技术和信息化环境为幼儿教师创设自主学习环境提供了选择，幼儿教师应该从知识的传递者成为幼儿认知世界的引导者和支持者，用多种方式和形式来激发幼儿的好奇心和探索周围世界的欲望，让幼儿通过做中学、自主探究及协作合作的形式进行学习。

幼儿教师是家长的协作者与合作者。家长的配合与参与对幼儿园的教育教学效果具有重要意义。信息化时代为幼儿教师与家长的沟通和交流提供了多样化的平台和有利条件，幼儿教师应充分利用多种方式吸引和鼓励家长参与幼儿园的教育，用多种形式（即时通信平台、博客、微信）与家长交流，向家长宣传正确的、先进的教育理念，并积极帮助家长改善教育行为、改进教育方法、转变教育观念，为家长解答有关幼儿教育的问题，建立信任，不断优化家园合作的效果。

幼儿教师成为新型的研究者和反思者。幼儿教师首先应具备创设学习环境、开发、实施、评价课程的能力，信息化时代为学习环境、课程的内容、实施手段和教学模式带来新的形式，幼儿教师可以充分利用现代信息技术和网络平台、网络教研共同体来进行教育研究和教学思考。例如：利用录像进行观察和研究，利用博客圈、QQ群、微信群、E-mail、在线学习平台与同行进行交流，撰写思考笔记，向专家请教，这些都是支持幼儿教师成为新型研究者和反思者的重要手段。

幼儿教师应具备一定的信息技术素养。技术尤其是现代信息技术的发展和应用对社会的各个领域都产生了巨大影响，对教育更是如此。幼儿教师应具备必要的信息技术素养，有意愿和有能力在幼儿园教育教学中使用合适的技术手段来提升教学效果。同时，幼儿教师也应正确认识技术的价值及其发展历程对人类的贡献，对幼儿进行一定的启蒙教育，使之更好地认识信息技术，并能够在日常生活中理性地使用信息技术，减少负面影响。

幼儿教师应成为终身学习者。终身学习理念是当今每个人都应具备的，幼儿教师在信息化时代更是如此，仅达到一个合格的标准是不够的，教师只有不断学习新知识和新理念，与时俱进，才能引导幼儿更好地适应未来的社会。面对处于信息化时代的幼儿，教师应具备相应的基础知识和技能，如搜集和处理信息的能力、获取新知识的能力、分析和解决问题的能力以及交流合作的能力，以此传递人类社会的智慧及民族的优秀传统文化。要做到这些，幼儿教师就要不断学习，不断进步。

第二节　幼儿教师信息技术素养相关概念

此处使用"信息技术素养"而非"信息技术能力"，是因为强调的是在具体的活动中要直接影响的心理特征，而素养的范围更加广泛，它涵盖了能力。能力在素养的形成过程中具有重要的作用，甚至是核心力量，但并不是素养的全部。一旦素养形成，就养成了某种积极的习惯，内化为品质和涵养，并在实践中发挥较为长期的积极的稳定效用。

一、教育技术能力

《中小学教师教育技术能力标准（试行）》是在"校校通"和中西部地区"农村中小学现代远程教育工程"不断推进的前提下，在我国各地中小学逐步具备必要的教育技术条件下，在基础教育信息化由基础设施建设期转向信息技术应用期的大背景下颁布和执行的。该标准的颁布和执行引领了我国基础教育信息化从追求教育技术设施的建设期走向追求教学实效的应用期，帮助相关人员思考和发展教育技术能力，进而增加学生接触、学习和应用现代教育技术的机会。

这个标准适用的对象包括教学人员、管理人员和技术人员。该标准对以上人员的教育技术能力要求都相同，即包括"意识与态度、知识与技能、应用与创新、社会责任"4个方面。以教学人员教育技术能力标准为例，4个维度的内容如下。

第一，应用教育技术的意识与态度维度：信息需求意识、信息应用与创新意识、对信息的敏感性与洞察力以及对信息的兴趣与态度。

第二，教育技术的知识与技能维度：教育技术的基本理论与方法、基本操作技能、信息的检索加工与表达、信息安全与评价。

第三，教育技术的应用与创新维度：教学设计、教学实践、信息技术与课程整合、自主学习与协作学习。

第四，应用教育技术的社会责任维度：信息利用及传播有关的道德、法律、人文关怀。

信息技术和教育技术虽有较密切的联系，但属于不同的学科，并有各自的研究对象和研究范畴。信息技术属于技术学科，教育技术则属于教育学科，通过信息技术培训是要使被培养者具有信息技术素养，即具有利用信息技术的意识、能力与道德。而通过教育技术能力培训则是要使被培训者具有教育技术素养，即具有运用教育技术的意识、能力与道德，并且信息技术培训教材是围绕各种信息处理技术展开的，教育技术能力培训教材则是围绕教学设计和教学实施的各个环节展开的。

二、信息技术应用能力

教育部《教育部关于实施全国中小学教师信息技术应用能力提升工程的意见》，首次明确将幼儿教师纳入其中。《中小学教师信息技术应用能力标准（试行）》，提出"幼儿园、中等职业学校教师参照执行"。

《中小学教师信息技术应用能力标准（试行）》将中小学教师的信息技术应用能力定义为"中小学教师运用信息技术改进其工作效能、促进学生学习成效与能力发展，以及支持其自身持续发展的专业能力"。该定义明确了中小学教师信息技术应用能力包括促进教学效果（学生的发展）与促进自身专业发展两个方面。该标准根据我国中小学校信息技术实际条件的不同、师生信息技术应用情境的差异，对教师信息技术应用能力提出了基本要求和发展性要求。其中，应用信息技术优化课堂教学的能力为基本要求，主要包括教师利用信息技术进行讲解、启发、示范、指导、评价等教学活动应具备的能力；应用信息技术转变学习方式的能力为发展性要求，主要针对教师在学生具备网络学习环境或相应设备的条件下，利用信息技术支持学生开展自主、合作、探究等学习活动所应具有的能力。

三、信息技术素养

从教师的角度来看，信息技术素养主要是指教师的技术使用能力、学习能力和使用技术的道德素养，具体包括3个方面的内涵。①使用信息技术的能力：能够利用信息技术高效地获取信息、批判性地评价信息和创造性地使用信息；②独立学习能力：具备使用技术的强烈兴趣，并能够运用技术理解和表达他人的作品以及对信息进行独立探究和创新；③社会责任：认识信息对社会的重要性，能实行与信息和信息技术相关的符合道德的行为，能积极参加小组活动来探求和创建信息。

信息技术素养是一种综合性的能力，内在表现为信息技术意识态度和思维习惯，外在表现为信息技术应用能力。幼儿教师信息技术应用能力是指基本知识支持的信息技术应用行为，其比较复杂，需要较多知识支持的操作，需要复杂知识支撑的能力行为和基础性的信息技术应用能力；幼儿教师信息技术素养是指，在互联网环境下，幼儿教师在教育教学和自我专业发展过程中体现出来的对信息检索、获取、分析、处理、应用及整合能力。具体来说，幼儿教师的信息技术素养包含3个方面的内容，即信息素养、信息技术应用能力和教学设计能力。

我们将幼儿教师信息技术素养界定为促进幼儿发展，在遵循幼儿教育规律的前提下，幼儿教师在幼儿园一日生活、教育教学、保育管理以及自身专业发展中积极合理地运用信息技术，并且遵循信息技术使用的伦理道德和规范，形成一种稳定的信息技术思维与行为习惯。

第三节 信息技术在幼儿教师专业发展中应用的价值

信息技术在学前教育中应用的价值主要体现在两大方面：一是信息技术对学前教育活动的影响与作用；二是信息技术对学前教育管理活动的影响与作用，即幼儿园信息化管理。前者是重点也是难点。鉴于部分专家对信息技术在幼儿教育中应用的质疑，我们将分别从信息技术对幼儿发展的影响与作用、对幼儿教师专业发展的影响与作用、对家园共育的影响与作用"互联网+"背景下幼儿教师专业化发展等4个方面展开论述。

一、信息技术对幼儿发展的影响与作用

（一）信息技术能促进幼儿的认知与学习

如果幼儿能在一种支持的氛围中使用计算机，那么与那些在同一班级中没有计算机经验的儿童相比，这些孩子往往在智力、非言语技能、结构性知识、长期记忆、动手操作的灵敏性、言语技能、问题解决、抽象概括能力等方面都表现出较大的发展优势；同时能够调动幼儿的积极性，提高幼儿的主动性，培育幼儿的创造性，发挥幼儿的能动性，实现幼儿的自主性，使幼儿产生兴奋、启示、动力和希望；强调积极地、正确地运用幼儿的视觉、听觉、触觉等感觉器官来发展感知外部世界的能力。教育活动过程中的信息技术具有形象生动的特点。它能够提供具体、真实、美感、新颖的活动内容及辅助活动过程；能够提供自由表达和创造的机会，引起需要，激发兴趣，使幼儿在愉快的气氛中活动，在创造的乐趣中学习。信息技术的直观、具体、生动、形象性提高了幼儿认知过程的有效性，幼儿头脑中表象的形成依赖于对事物具体形象的感知，因此这些具体形象越鲜明，在记忆中留下的形象越深刻，也就是说，幼儿认知的对象具有鲜明的具体形象性时，就适应了幼儿认知发展的需要，从而提高了幼儿认知过程的有效性。调动幼儿参与活动的积极性能激发幼儿"爱"的情感。

幼儿教师要改变传统的教学模式，充分发挥校园网等信息资源的作用，利用多媒体信息立体性、多元性，将信息与教育融入教学过程。幼儿教师在艺术课上可以通过电视或投影的方式呈现教学内容，引导幼儿进入情境，还可以在学习过程中用摄像机记录美丽瞬间；在科学课上可以用生动形象的课件帮助幼儿理解抽象的科学知识；在故事课上可以用动画开发幼儿的无限想象力。

1. 信息技术可以促进幼儿的语言认知

尽管一些学者认为让幼儿使用计算机不利于他们的语言发展，但也有学者指出使用计算机实际上是一种社会性的活动，计算机为儿童语言的使用提供了平台而不是减少了语言的使用。儿童可以单独操作计算机，也可在班级集体中与同伴一起操作，后者必然需要幼儿之间的语言交流与沟通、合作。同时，教师也可以介入，帮助促进儿童的语言发展。幼儿在计算机活动中每分钟使用的平均单词量几乎是在其他活动（玩橡皮泥、积木、艺术活动或游戏）中的两倍。

幼儿好奇、好动、好胜、好模仿，他们能够按自己的方式来进行学习，并在学

习中尝试创新。多媒体网络环境能够充分调动幼儿自主学习、主动尝试、主动探索、主动体验的兴趣，使幼儿的聪明才智和各种潜能得到开发，创新精神得到培养，实践能力得到训练。它有利于激发幼儿的语言学习动机，有助于教师语言教学活动的开展，有助于对幼儿进行语言与思维的整合教育，便于开展寓教于乐的语言学习活动。在幼儿阅读教学中，深入研究和恰当地设计、开发、运用多媒体课件，将幼儿阅读教学与多媒体课件有机结合，使教学更直观、生动、形象，有助于幼儿理解和感受教学内容，从而优化课堂教学，极大提高教学活动效率。

将多媒体技术引入幼儿课堂能有效地集中幼儿的课堂注意力，激发幼儿的学习兴趣，进而引发幼儿与老师的共鸣。将多媒体技术引入幼儿语言课堂教学能够通俗易懂、形象直观地呈现教学内容，极大地调动幼儿的思维活动并提升幼儿回答问题的积极性，从而促进幼儿对于学习内容的理解与记忆。多媒体教学有利于提升幼儿回答问题的效果，有利于幼儿理解并掌握学习内容，而且与传统教学手段相比，多媒体教学能非常明显地缩小同班同学之间的学习差距，从而降低两极分化现象的可能性。

2. 有利于增进幼儿的数学认知能力

研究认为，在探索操作计算机的过程中，幼儿的数学能力（数学和几何图形等方面）得到了发展。3岁儿童从计算机那儿学习分类与从具体玩具那儿学习分类一样容易。使用计算机辅助学习的幼儿，在认识数概念方面的得分要高于那些由老师教的幼儿。计算机可以被用于锻炼儿童的数学思维和发展其概念思维。操作适宜的教育软件能让幼儿自己构建和修正概念。比如一些软件中提供的左右、方位、大小、分类、数字等游戏，如果这些游戏与真实情境相联系，幼儿便能通过游戏的形式很快获得相关的概念，而且他们能够从这种操作中体会到成功的快乐，而不至于厌倦。同时，当儿童运用计算机中的图形、形状进行绘图创作时，其运用对称、模式以及空间顺序等概念进行学习的知识和能力都有所发展和提高。

3. 并不必然危害儿童的想象力与创造性

对于计算机的使用会降低幼小儿童的想象和创造的问题，很多研究者认为，对儿童发展可能造成危害的不是计算机或软件，而是为儿童提供的计算机活动经验（软件是否适宜，是不是以适合儿童发展的方式来使用计算机）的类型。软件性质不同、使用方式不同，对儿童的创造性发展的影响也就不同，因此，笼统地谈论计算机是促进还是阻碍儿童创造性的发展是缺乏科学性的。

4. 信息技术能增强幼儿的参与性

信息技术使幼儿积极参与到教育活动过程中。这种参与不仅指一般的感觉参与，而且包括情感的参与、思维的参与、行为的参与。教师运用录像、投影进行示范时，放大或突出了幼儿需要看清的东西，便于幼儿观察和顺利掌握活动的方法与技能，如：搭建、拼插、制作活动。教师在幼儿遇到困难或障碍时，应运用信息化教育手段释疑解难，使幼儿尽快地恢复和继续参与活动。活动前，教师组织幼儿观看一些生活内容丰富的录像节目；活动时，配上适宜活动氛围的音乐；活动后，再把幼儿活动时的录像实况、录音实况放给幼儿看和听。教师可把幼儿活动的作品，如：纸工作品、泥工作品、拼插作品，放在投影仪上展示，或拍成录像片欣赏。这样既放大了幼儿的作品，又反馈了幼儿的情况，还可以使幼儿体验到成功的快乐，同时促进了幼儿在教育活动过程中的积极参与。

传统的图片教学往往只能单向地向儿童传播信息，而通过精心设计的教学软件既能向儿童传达信息，又能接收儿童的信息，并能做出相应的反馈，及时调整儿童的学习行为。同时它能满足儿童发展的需要，强调各种感官的参与，要求儿童用眼看、用耳听、用脑想、用口说、动手操作，最大限度地调动儿童参与学习的主动性，发挥出培养兴趣和发展智能的双重作用。

（二）有利于幼儿社会性的发展

大多数研究发现，儿童在使用计算机以后，态度变得更积极，表现得更好奇、感兴趣、热情以及有自我控制的意识。幼儿园利用多媒体与幼儿园社会教学活动整合的优势，促使幼儿社会教育达到最优化。

计算机能够增进幼儿的社会交往。许多研究发现，在计算机教育活动中，同伴教学（熟练的、稍高水平的孩子帮助低水平的同伴）的现象非常明显，这种互动显然对幼儿的社会性发展极为有利。

在很多计算机软件创设的具体情境中，如：问题解决情境、创造假想物体情境，我们可以看到儿童共同活动与交往的例子——经常是两个或更多的孩子一起讨论准备做什么，怎样做；他们常常会向同伴寻求帮助；一起探索某个软件的玩法；把自己的画拿给朋友看；比较他们各自设计的建筑物样式，等等。另外，计算机甚至能促进那些害羞的或不能在集体当中找到恰当位置的儿童的社会交往。通过计算机，幼儿可以进入新的经验领域。计算机网络提供了一种联系儿童与社会中不同观念的人的交流工具，儿童可以与全世界的同伴交流，遇到来自全世界的老师，知道他们的绘画和科学活动。

网络还为儿童提供了获取同伴关系的新方式，扩充了儿童与同伴的交流模式。手机的技术特征使得儿童在同伴关系中"永远在线"，扩大了儿童的私人空间。

一些专家学者还指出，计算机能同时促进社会性和认知两个方面的相互作用。计算机创造了一种更为先进的认知游戏，这一技术为幼儿同时在社会性和认知两个方面去学习开辟了一条途径。计算机提供了一种环境，在这种环境里，社会性和认知的相互作用都会受到鼓励，两者相辅相成。

计算机桌是根据儿童的需要专门设计制作的，鼓励幼儿学会分享使用计算机是活动区的一大特点。一个方法是在每台计算机前面放两把椅子，以此建议幼儿在计算机区域里合作并且互相帮助，这种方法不仅解决了人多机少的矛盾，而且通过让幼儿合作特别是通过观看同伴使用计算机学会新的软件程序，这样就大大提高了幼儿的自学能力。

（三）有利于幼儿学习方式的扩展

1. 有利于幼儿主动和个别化的学习

如果儿童能控制自己的学习过程，就会学得更好。计算机使一种更为个性化的学习成为可能。发展性软件使儿童能按自己的节奏进步和学习，教师作为促进者和指导者，可以根据每个儿童的需要来提供必要的帮助。以幼儿为中心，与教学活动紧密结合，是计算机技术被应用在幼儿园教学活动中所体现出的突出特色。

2. 可以成为幼儿学习的补充方式

针对反对者提出的幼儿学习需要经历、体验更多的实际物体的经验，其学习活动和材料都必须是具体的、真实的观点，支持者则指出，计算机确实创造了一些符号，操作计算机涉及对这些符号的间接使用，但计算机本身也是一个实际的物体，儿童可以在计算机上进行按键、拖动鼠标、开机关机等操作，然后观察计算机对自己行为的反应，因此，计算机只是另一种可见的具体的材料，而且这种材料也具有具体、形象和可操作的特征。针对计算机的使用会减少儿童与真实环境的互动这一点，有研究表明，计算机的使用并没有改变班级活动的类型。如果以计算机代替其他活动，那么计算机也许会有不好的影响，但是如果把计算机作为其他活动的补充或是另一种活动形式，那么计算机就不会对幼儿造成危害。

（四）能吸引幼儿注意力，激发幼儿学习兴趣

多媒体技术带来鲜明生动的图像、动静结合的画面以及与画面配合的声音，它

使教学内容以不同方式出现，多媒体为学前儿童的各种感官提供了多重刺激，使其产生兴奋，快速进入学习的环境和较佳的学习状态。这就克服了儿童注意力不集中、兴趣容易转移的缺点，并由此唤起其高涨的学习情绪。这种学习情绪带来的有意注意的稳定性能促使儿童较多地获得学习上的成功，学习的成功又反过来强化学前儿童的学习兴趣。在这种良性循环的娱乐化的学习中，儿童的认知能力将得到发展和提高。

（五）能够帮助幼儿建立积极的自我概念

一些研究者发现，如果选择合适的软件，那么每一个儿童都会控制计算机的使用过程。儿童会变成一个独立的、有力量的个体。在学前年龄阶段，使用计算机有利于儿童发现并认识新的行为，同时能够看到自己所取得的成就，而这些成就可以对个体的能力意识产生长期的影响。实验研究用以评估儿童在使用计算机之前和使用计算机之后自我概念的发展，这些实验研究都发现儿童非常充满乐趣地独自（不用教师过多指导）探索如何使用计算机。

在决定计算机能否为幼儿的发展做出积极贡献的问题上，软件的类型和质量至关重要。所以，对于计算机与幼儿发展的关系问题，教育者的认知和引导是一个关键。计算机技术是早期教育的辅助工具之一，适宜地使用对儿童学习和发展有积极影响，但它并不能替代已有的颇具价值的传统教育活动和材料。计算机的使用应有助于推动传统教育活动的开展。为避免计算机技术的滥用，适宜性指导很有必要。信息技术应用于早期教育的方式是整合。

强调交互式技术与媒介在早期教育中的价值，既反映了技术与媒介的人性化发展趋势，也反映了对技术的选择有了一定的教育取向性。交互式媒介主要指一些数字材料和模拟材料，如：应用软件（APP）、广播和流媒体、部分儿童电视节目、电子书、互联网，这些媒介能更好地调动儿童的主动性，促进他们与他人（包括儿童与成人）的社会交往。这是相对于非交互式媒介而言的，后者容易导致幼儿的被动观看和长时间观看；而前者旨在调动使用者的主动性与参与性，并增进与他人的互动、交流与合作。另外，在理解幼儿如何使用技术和交互式媒介、如何通过它们进行学习，以及它们的使用对幼儿学习与发展有何短期和长期影响等方面，目前的研究尤其是可作为依据的实证研究还远远不够。更进一步的研究需要政策对教育实践具有切实的指导意义，以确保技术的使用对每个儿童都是有意义的和适宜发展的，能够扩大其与周边环境以及这个世界之间主动的、亲为的、创造的和真实的接触。

二、信息技术对幼儿教师专业发展的影响与作用

（一）信息技术支持幼儿教师专业发展的影响

技术与教师专业发展之间的关系体现在两个方面。第一，技术是教师专业发展的内容之一，它构成了通过发展意识提升的教师技能的一部分或一大类。技术作为教师专业发展内容，通常是指在教师专业发展中对教师的信息素养、教师信息技术能力以及教师运用技术变革教学和促进自身专业发展方面的知识、技能和态度。第二，技术构成了教师专业发展的手段、途径、方式、方法和环境。技术作为教师专业发展的手段、途径、方式、方法和环境，是指借助技术，促进教师的专业知识、技能与态度的发展。但是这里的知识、技能和态度并不局限于教师的信息素养、教师信息技术能力以及信息技术教育应用方面的知识、技能和态度。

信息技术支持教师专业发展是以信息技术为手段、途径、方式、方法和环境，促使作为专业人员的教师在专业知识、教学技能、职业态度等方面不断完善的一个系统的、动态的复杂过程。其目标在于帮助教师适应信息化教学，促进教师发展，进而提升教育教学质量。信息技术对教师专业发展的支持主要体现在信息技术可以为教师交流学习、教学思考、个人知识管理等3个方面提供有力的平台支持。

幼儿教师需要了解信息时代的学习工具和学习特点，应当具备在教学实践中应用信息技术的能力。不过，依托信息技术促进教师专业发展的核心不在于学会应用信息技术本身，而在于应用信息技术支持教师成为有思考力的观察者、有坚持力的学习者和有感染力的实践者。信息技术不是目标，而是途径和支持工具。因此，教师应用信息技术的能力不仅体现在技术操作、教学演示和课件制作水平上，更应当强调教学法、教育活动内容和技术的结合，强调信息技术与课程的整合。

在职进修、教研组研讨、观摩考察、参与式培训都是幼儿教师专业发展的有效方法和途径，具有一定的促进作用，但存在一些问题，特别是对教师的个人经验不够尊重，普通教师在研讨中缺乏话语权，教师缺乏自主发展的意识与动机等问题未能得到根本解决。因此，有必要探索一些新的适合于幼儿教师专业发展的方式。很多教师认可博客对于教师专业成长的积极意义。这些积极意义体现在：①博客可以使教师开拓思维；②博客可以为教师提供讨论问题的平台，使其对专业问题的思考更具深度；③博客可以为教师提供反思的机会，提高其探究能力；④博客可以帮助教师保持一种健康的工作心态；⑤博客可以进一步提升教师运用现代化信息技术的水平。

（二）信息技术对幼儿教师专业发展的作用

幼儿教师的专业发展水平与质量是学前教育发展的核心和重点内容，幼儿教师的信息素养和信息化教学能力既是保证学前教育信息化顺利实施的关键，也是信息社会对幼儿教师的必然要求。学前教育领域引入信息技术必然对幼儿教师产生重要的作用，而这种作用主要体现在其专业发展上。

那么信息化环境下，信息技术在幼儿教师专业发展的过程中能够提供哪些支持？结合上述内容，我们对幼儿教师专业标准及其专业发展的主要内容进行分析，并认为信息技术对幼儿教师的作用具体体现在以下几个方面。

1. 信息技术为幼儿教师转变观念、培养师德提供有效支持

当前实幼儿教师资格准入制度还有待完善、幼儿教师地位待遇有待提高，对于这些问题的解决，影视作品可以提供一些帮助。影视作品是一门综合艺术，声画结合，亦静亦动，具有形象、生动、直观的特点，情境性强，极富艺术感染力，并且优秀的教育影视作品更是蕴含着丰富的师德教育内容，是教师师德教育的重要课程资源。借助影视的艺术魅力，通过把教育影视作品与师德理论相整合，充分发挥教育影视作品的师德教育功能，将有助于重建新时期幼儿教师的师德。

理论学习、实践反思、合作研究以及榜样模仿是幼儿教师专业理念与师德生成的基本途径，利用必要的信息技术工具和数字化资源对幼儿教师专业理念与师德生成可起到事半功倍之效。

2. 信息技术可以促进幼儿教师专业知识的更新与有效管理

专业知识的不断更新和有效管理对幼儿教师的专业发展具有重要作用。专业知识的积累与更新需要教师不断学习，而信息技术的普及和使用的便捷性为教师获取学习内容、拓展学习方式以及加强与同行的交流提供了更多可能。例如：研究者通过搭建教师专业发展的网络基础平台，提供教师专业发展所需的信息工具，包括教学计划、教学素材和评量题库的设计与管理、课程的发展、学习专业知识、发表自己的作品、分享教学经验等，提供教师发展、管理、应用、分享与交流自我的专业知识，尤其注重以虚拟的信息系统辅助实体的教师专业成长团体的形成，以学习社区的方式组织各种不同的专业成长社群促进教学创新的传播速度。目前，这种形式和理念的培训在我国的中小学信息技术应用能力提升工程实施中得以应用。

幼儿教师的专业知识主要涉及幼儿发展知识、幼儿保育教育知识和通识性知识3个领域。幼儿教师需要通过树立终身学习的理念，主动学习新知识；加强与同伴

的交流与合作；在实践中反思等途径来进行专业知识的获取和内化。信息技术的引入可丰富幼儿教师专业知识获取的途径，促进其专业知识的更新。目前，幼儿教师进行专业知识积累与管理的信息技术平台有QQ、博客、E-mail、各级公共教学资源服务平台、云盘、微信等信息技术平台。

3. 信息技术为幼儿教师终身学习提供良好的环境支持

面对处于信息化时代的幼儿，教师应为其培养基础知识和技能，如搜集和处理信息的能力、获取新知识的能力、分析和解决问题的能力以及交流合作的能力，传递人类社会的智慧及民族的优秀传统文化。

幼儿教师应学习先进学前教育理论，了解国内外学前教育改革与发展的经验和做法；优化知识结构，提高文化素养；具有终身学习与持续发展的意识和能力，争做终身学习的典范。信息技术的引入使得幼儿教师终身学习有了多种实现形式。目前的大规模在线课程、公众微信平台等资源为幼儿教师提供了丰富的学习内容和灵活的学习形式，为终身学习的实现提供了更便利的条件。

4. 信息技术的应用可提升幼儿教师的信息素养和信息化教学能力

教师要适应信息化时代，就要具备全新的教学观念和技术素养。信息化时代的教学更加强调做中学、寓教于乐，并为此提供了多样的选择。这也为学前教育环境和支持幼儿教师教学与自身发展提供了更多的可能性。在信息化时代，教师的信息素养、信息化教学能力和教师的专业发展相互依存，相互促进。信息技术的引入一方面促进了幼儿教师专业的发展，使其在专业理念、专业知识、专业能力等方面得到不断的更新和升级；另一方面，在信息技术促进幼儿教师专业发展的过程中，信息技术的不断应用有效地提高了其信息素养和信息化教学能力。当然这并不是全部，完整的信息素养和信息化教学能力还需要专业的技术培训来完成。

幼儿教师具备一定的信息素养和信息化教学能力对学前教育信息化具有重要意义。幼儿教师应该正确认识技术价值及其发展历程对人类的贡献，对幼儿进行一定的信息技术启蒙教育，使其更好地认识技术，并能够在日常生活中理性地使用技术和减少负面影响。

三、信息技术对家园共育的影响与作用

《幼儿园教育指导纲要（实行）》明确指出，幼儿园应与家庭社区密切合作，综合利用各种教育资源，共同为幼儿发展创造良好的条件。家园共育能有效地改变

以往幼儿教育以幼儿园为主、家庭为辅的局面。家园共育既是全面提高幼儿素质的重要途径，又是学前教育发展的必然趋势。过去开展幼儿园与家长的协同教育，一方面家长太忙，这是客观事实；另一方面家园共育的方式比较单一，程序和模式相对固定，比如每周、每月采取家长会、电话等形式沟通。双向信息传输不太流畅，缺乏互动性，很大程度上影响了家园共育的作用。信息技术促进家园共育的常见形式包括以下几种。

（一）创建幼儿园班级 QQ 群、微信群

QQ、微信均具有同步、异步传输信息的特点，它能为幼儿教师与家长的双向沟通与探讨提供同步或异步的信息接收选择，这大大加强了家庭与幼儿园的联系，为家园共育提供了切实可行的交流平台。通过 QQ、微信等软件的群功能，家长可以便捷地与幼儿园老师、其他家长进行实时沟通，即便对方不是好友，也同样可以通过临时会话进行交流。通过"群空间"，幼儿教师和家长可以在群里发表自己的观点，展示个性化的幼儿风采等各种有价值的幼儿成长信息。幼儿教师也可以适时地向家长群发送幼儿的相关图片和信息。

（二）创建家园共育博客圈

博客圈由于具有免费使用、系统维护技术门槛低、在线更新快等优势而越来越多地应用于人们的信息交流、资源共享与体验分享中。因此，将博客圈引入家园共育中也能取得不错的协同教育效果。实践中，教师和部分技术好的家长首先在网易网创建了一个博客，然后再组成家园共育博客圈，并创建一些个性化的栏目，如：教学笔记、育儿日记、活动札记、生活杂记等日志区公告圈，还可以根据需要设置讨论区、投票区、留言板等互动区。在博客圈中，家长和幼儿教师是圈子的主体，双方可以通过日志实现交流，也可以就某一话题进行探讨。家长可以方便地浏览圈友的日志，吸取其他家长的育儿经验，分享教师的教育随感。教师也可以在同事的博客里留言或参与评论，从其他家长的育儿日志中了解幼儿在家中的状况，等等。担任博客圈的管理员要关注和支持博客圈的的发展，及时解答大家的疑问。

（三）整合校园网广播站、演播室等实践平台

通过信息平台，幼儿园既可以方便地向家长和幼儿教师群发短信告知学校的动态和临时通知等，也可以随时随地把孩子在幼儿园的点滴表现与家长进行及时沟通，让家长在百忙之中可以轻松及时地掌握孩子的基本动态。家长也可以通过手机短信平台向学校和教师发表自己的看法和建议。信息平台能帮助教师和家长解决孩

子出现的问题，为学校与家庭架起了一座信息化桥梁。校园公共短信平台的使用能弥补校园网和群等沟通渠道依赖网络和缺乏实时性的缺陷，使不习惯使用电脑与微信、QQ的家长也能便利地参与到学校的协同教育中。

传统的家长会等家园交流方式大多是教师说家长听，缺乏实质意义上的互动，难以实现期望的共育效果。将校园广播站、演播室等实践平台引入家园共育中，可以弥补这一不足，如可以在校园广播站、演播室开设家园共育栏目或开展系列亲子活动吸引家长参与孩子的互动，通过共同参与节目的策划及录制等活动扩展交流的空间，进而实现家园共育。

（四）家园互动共育支持平台

针对上述幼儿园与家长交流的常用技术，还有学者构筑了家园互动共育支持平台，非常值得幼儿园借鉴。家园互动共育支持平台的功能结构主要包括3个部分：交流模块、信息和资源管理模块、个性化管理模块。

家园互动支持平台主要通过交流模块、信息、资源管理模块和个性化管理模块让幼儿教师与家长在该环境中获得多种服务。交流模块主要支持教师与家长、家长与家长之间的群体交流，教师与家长的一对一交流，这些交流是多向的。信息和资源管理模块兼具学校信息、教学信息、教学资源的发布并提供家长培训服务的功能。个性化管理模块主要为了配合家长群体具有个性差异大的特点，为家长提供栏目定制服务和信息推荐服务，根据家长模型和幼儿模型，推送适合家长及幼儿的信息。

四、"互联网+"背景下幼儿教师专业化发展

"互联网+"已成为当前社会各领域改革发展的新动力。"互联网+学前教育"的这种新形态，冲击着传统的幼儿教师专业化发展模式，同时也为幼儿教师专业化发展带来了新的机遇。在这种新形态下，可充分利用信息技术，探寻幼儿教师专业化发展的路径。

（一）幼儿教师的专业化发展现状

教师专业化是指教师群体在一定时期内不断努力探索、不断走向成熟，逐渐建立起来的专业标准，成为专门职业并获得相应社会地位的过程。教师专业化是一个较为复杂的问题，而幼儿教师又是教师队伍中最容易被忽视的群体，因此我国的幼儿教师专业化发展存在以下问题。

1. 幼儿教师理论知识与实践能力发展不协调

教育理论知识和教育实践能力是任何一个教师都必须具备的基本素养。幼儿教师作为幼儿的第一任教师，更应该掌握基本的教育理论知识，具备扎实的实践能力。随着我国学前教育人才培养体系的不断变化，我国已经形成了多层次的学前教育人才培养体系，来自不同院校的幼儿教师对教育理论知识和实践能力掌握偏重不同。中等、高等职业学校、中等师范学校和专科学校，所开设的学前教育专业课程以专业技能为主，学校还会提供较多的课外实践机会，让学生在幼儿园中长期实习，帮助他们提升教育实践能力。尽管各学校也开设学前专业的理论课程，可由于学生受教育时间相对较短，未能形成系统的学前理论知识。我国高等教育体系中的本科学前教育和研究生学前教育，更注重学生理论知识的掌握。由于学生在幼儿园的时间相对较短，不利于教育实践经验的积累。因此，在我国学前教育师资培养体系下，不同的学校对幼儿教师培养的方向和目标不同，使得不同教育背景下的幼儿教师理论知识与实践能力发展不协调，中高等职业学校、中等师范学校和专科学校的学生实践能力水平较高，但教育理论知识掌握需进一步加强，高等院校学生对教育理论掌握较好，但教学技能不足，导致幼儿教师专业能力发展不平衡。

2. 幼儿教师缺乏专业发展的意识

幼儿教师良好的专业发展意识能够有效推动其专业发展，从而促进教师专业化进程。就幼儿教师而言，其专业发展是一个动态的过程，不仅停留在学校教育，教师还应该在学习中不断地促进自身的发展。

3. 农村地区幼儿教师较城市专业化水平偏低

因地处偏远、教育资源不足、经济落后等原因，农村地区幼儿教师专业化发展存在某些问题。有些农村地区幼儿园由于招聘不到学前教育专业的教师，便录用其他专业人员担任，教师的基本素养得不到保证。同时，农村幼儿园教师的流动性较大，不利于农村学前教育师资队伍的稳定。此外，农村幼儿教师在教育理念方面比较落后，且教育理论局限于在校学习的知识，在入职后缺乏学习先进教育理念的机会，导致专业发展停滞。在以上因素影响下，农村幼儿教师与教育资源充足的城市幼儿教师相比专业化水平偏低。

4. 缺乏幼儿教师专业化发展的终身教育体系

知识经济时代的到来，新的知识不断涌现，要求我国幼儿教师必须更新教学理念、教学形式、教学方法，树立终身学习的目标，以应对信息化时代的挑战。我国幼儿教师的培养体系中，比较重视学校教育和职后培训两个方面，没有为幼儿教师提供可持续发展的学习环境。但对于幼儿教师来说，其面临的是不断发展变化的儿童，儿童对于知识的渴望是无限的，知识又是不断变化的，这要求幼儿教师必须树立终身学习的目标。目前，我国已逐步接受终身教育的思想，更有许多学者致力于终身教育体系的研究，但其主要集中于理论层面上的研究。

（二）"互联网+"背景下幼儿教师专业化发展路径

1. 积极对幼儿教师进行微格教学培训

微格教学培训是将复杂的课堂教学分解为比较简单的小型教学，通过一个可控制的实习系统，提高教师的教学技能，改变教师的教学行为。在我国微格教学的发展中，形成了3种基本模式，即职前培训模式、职后培训模式、校本培训模式。利用职后培训可以在一定程度上促进幼儿教师的专业化发展。针对在职的幼儿教师，尤其是新入职的幼儿教师，通过微格教学对其进行继续教育，可以进一步提高他们的专业化水平。在培训过程中，可发现其在教学中存在的问题，从而改进教师的基础理论知识和教学技能掌握情况，全方面提高他们的教学能力。

2. 重视现代远程教育技术在幼儿教师培训中的应用

随着现代通信技术和信息技术的发展，远程教育作为一种新型的教育模式，在各级各类学校中得到运用，其显著的特点是教师和学生处于相对分离的状态。幼儿教师通过远程教育可以获得国内外优秀的学前课程资源，他们可以选择自己需要的教育资源，从而促进幼儿教师的自我专业化发展。对于农村幼儿教师，运用远程教育技术可打破时间和空间的限制，合理利用网络资源更新教育知识，学习先进的教育理念，进一步促进自我的专业发展。远程教育在学前教育师资培训中也可以广泛运用。在传统教育下，幼儿教师培训是通过面对面讲授进行的，这会限制培训的人数，而运用远程教育，则可使更多的幼儿教师接受培训，并提高幼儿教师的培训质量。此外，幼儿教师的专业化发展是一个连续的过程，通过远程教育可以不断为幼儿教师提供教育资源，幼儿教师可以自主选择发展方向，选择适合自己的教训资源，以促进终身学习，以此构建促进幼儿教师专业化发展的终身教育体系。

3. 充分利用虚拟现实技术构建幼儿教师教学情景

虚拟现实（VR）是利用计算机生成的一种模拟环境，通过多种传感设备使用户投入该环境，实现用户与该环境直接进行自然交互的技术。虚拟现实技术作为一种正在快速发展的信息技术，广泛应用于各个领域，教育领域也不例外。虚拟现实技术可以模拟真实的幼儿教学场景，使幼儿教师身临其境，从而提高学习的兴趣，增强专业化发展的意识。在幼儿教师职后培训过程中，教师可运用虚拟现实技术进行专业知识的学习，例如：在幼儿教师的教学培训中，运用VR技术可模拟讲课的真实环境，也可模拟幼儿各种行为的情景，通过培训人员的讲解，为幼儿教师提供一个真实的教学情景，有利于根据教学真实环境做出调整，从而提高教师的教学应变能力。VR技术通过模拟不同的环境，可以有效助力幼儿教师的专业成长。

4. 搭建内容丰富的学前教育网络共享平台

目前，我国绝大部分省市的教育部门都建立了学前教育网站，幼儿园也有自己的独立网页、班级博客、家园互动平台、幼教主题论坛等一系列的网络资源平台。学前网络平台的建设，可以为幼儿教师提供学前教育资源，展示最新的学前教育研究动态和教学理念。例如：中国教师成长网、中国幼儿教育网、学前教育网等网站为幼儿教师自我专业发展提供了教育资源。但是，由于我国学前教育信息化资源建设起步比较晚，还存在着各种问题，需要我们搭建更多优质的学前专业网络教育平台。在学前专业网络平台共享免费的精品学前教育课程、最新的学前科研成果及学前教育热点，有利于促进不同地区幼儿教师之间的相互交流，缩小农村幼儿教师和城市幼儿教师之间专业化水平的差距。学前专业网络共享平台旨在打造一个打破时间、地点及距离的空间，以期提高幼儿教师的专业化水平。

第三章 幼儿教育多媒体课件制作与开发

第一节 幼儿教育多媒体课件概述

一、幼儿教育多媒体课件概念与类型

（一）幼儿教育多媒体课件的内涵

课件，是具有一定教学功能的软件及配套的教学文档，可用于实现和支持特定教程的计算机辅助教学。

多媒体课件，就是把文字、图形、声音、动画和视频等多种媒体按照一定的教学目标和教学方式进行集成和融合的课件。

幼儿教育的多媒体课件有视频课件、幼儿数字故事课件、Flash 动画课件、幼儿学习网站、PPT 课件、电子杂志，等等。随着技术的发展，近年来还出现了 VR/AR/MR 课件、虚拟课件。新技术、新手段大大激发了学龄前儿童的好奇心，带给儿童全新的科学体验。

在幼儿教育资源的开发中，根据教学目标制定教学策略，综合运用多种制作工具，集多种素材为一体，以形成幼儿教育交流功能的课件——幼儿教育多媒体课件。

（二）幼儿教育多媒体课件的特性

第一，教学特性是多媒体课件的根本特性。

第二，软件特性是多媒体课件的固有特性。

第三，多媒体特性是多媒体课件的显著特性。

（三）幼儿教学多媒体课件的基本类型

1. 练习与操练型课件

这是发展和应用最早的一类 CAI 软件，是实现程序教学的基本方式。练习与操练的教学方式都是通过大量的提问 – 回答 – 判断进行反馈的，使幼儿建立起问题与回答之间的牢固联系，从而理解与掌握该项知识与技能技巧。练习与操练型课件的基本过程是，计算机逐个或一批批地向幼儿提出问题，当幼儿给出回答后，计算机判断其回答情况，并根据幼儿回答的情况给予相应反馈，以促进幼儿掌握某种知识与技能技巧。

一般来说，练习与操练型课件应遵循的原则包括小步子原则、积极反馈原则、及时强化原则、自定步调原则。

2. 教学模拟型课件

这类课件指利用计算机模拟自然科学或社会科学的某些规律，产生某种与现实世界相似的现象，供幼儿观察，帮助幼儿认识、发现和理解这些规律与现象的本质。其特点是：①能激发学习动机，模拟的对象对幼儿来说是一个未知的世界，对未知世界的好奇心有助于幼儿去探索其中的奥秘。②时效性，模拟对象的实际时间和空间尺度可能很大或很小，一般不易为幼儿接触或观测，而通过计算机模拟则不受时间和空间的限制。③安全性和经济性。④重复性。所以，模拟型课件近年来逐渐受到众多教育学家和心理学家的关注，被认为有助于培养幼儿的能力，成为发展较快的一种课件类型。

3. 游戏型课件

寓教学于游戏之中，课件提供和控制一种富有趣味性和竞争性的教学环境，激发幼儿的学习动机，使幼儿在富有教学意义且教学目标明确的游戏活动中得到训练或是有所发现，以取得积极的教育效果。游戏型课件不同于电子游戏，它强调教学性，有着明确的教学目标和具体的教学内容，并且含有经过仔细考虑的教学策略。

游戏型课件应该具有如下特点：①教学目标与游戏竞争目标的一致性，即从初始状态出发，经过游戏参与者的决策和动作，最后一定能够达到的胜、负或平局状态；游戏竞争目标的实现也是教学目标的实现。②积极的参与性。必须有两方或以上的游戏参与者，其中的一方可以由计算机扮演，学习者要积极地参与游戏竞争。③明确的游戏规则，即游戏参与者采取决策和动作时所必须遵守的规则约定，规则应包含所要达到的教学目标、所要教学的规律与知识。④娱乐性和趣味性。为了达到寓教于乐的教学效果，游戏性课件要有很强的娱乐性和趣味性，包括生动活泼的画面、恰如其分的音乐、巧妙的构思、夸张的想象。⑤时间性，即游戏应在有限时间内到达目标状态，而不是无休止地继续下去。

二、多媒体课件制作的常用工具

课件的制作是在课件设计的基础上，用编程语言或编著软件将课件的内容按预定的结构和方式组成一个完整的课件程序，并经过必要的后期处理，形成课件成品的过程。

多媒体课件制作工具很多，但无论采用哪种软件来制作课件都要考虑课件的教学内容和教学过程两个方面，既要设计和制作与课程内容有关的素材并导入或输入课件中，又要设计和制作与教学进程相关的程序控制。对于幼儿园课件的制作来说，教师掌握一定数量的与教学内容有关的素材与掌握课件的程序设计技巧一样重要，甚至有时候更重要。

第一，幼儿园课件集成主要采用课件编著软件。大部分的编著软件界面友好、使用方法简单，教师们经过简单的培训就能掌握。这方面的软件很多，可分为基于图标和流程线的多媒体编著软件，如：Authorware、IconAuthor；基于卡片和页面的多媒体编著软件，如：PowerPoint、ToolBook；基于时间轴的多媒体编著软件和基于网页制作的多媒体编著软件，如：FrontPage、Dreamweaver、Flash，等等。

第二，图像编辑工具：Fireworks、Photoshop。

第三，动画制作工具：Flash、3D-MAX。

第四，音频编辑工具：Wavestudio、Goldwave。

第五，视频编辑工具：Premiere、会声会影、超级解霸。

三、多媒体课件的制作流程

通常，我们可以把多媒体教学软件的开发分成计划、设计、开发3个阶段，覆盖选题→学习者分析→教学设计→系统结构设计→原型开发→稿本设计→素材制作→系统集成→评价和修改→发布和应用整个流程。

第一阶段：计划

（一）选题

采用多媒体课件的目的是提高课堂效率、优化课堂教学结构、增加课堂教学信息量。因此，在选题立意时首先要考虑课件的开发价值，即某堂课是否有必要使用课件。因此，要选择那些学生难以理解、教师不易讲解清楚的重点和难点问题，特别是要选择那些能充分发挥图像和动画效果、不宜用语言和板书表达的内容作为课件制作选题的首选内容。

（二）学习者分析

分析学习者的目的是了解学习者的学习准备（学习者开始新的学习时，其原有的知识水平或原有的心理发展水平对新的学习的适应性）情况及其学习风格。可以根据课件开发描述说明中定义的课件服务对象，对学习者的需求要有一个总体估计。分析的内容包括学习者的类别、规模、分布、特征，也可以调查和预测学习者的学习动机、操作风格、注意度，只有认真分析学习者特征，才能设计出符合学习者需求的多媒体课件。由于学习者特征可以从不同角度和不同层次分类，因而有多种具体的分析内容和方法。

第二阶段：设计

（三）教学设计

教学设计是课件制作中的重要环节，课件效果的好坏、课件是否符合教学需求，关键在于教学设计。设计者应依据先进的教育理念与思想，根据教学目标和学习对象的特点，分析教学内容，合理地选择和组织教学方法和教学媒体，形成优化的教学系统结构。

（四）系统结构设计

进行系统结构设计实际上就是对多媒体课件的总体设计，其设计的要点包括：页面设计、层次结构设计、媒体的应用设计、知识点的表示形式设计、练习方式设计、页面链接设计、交互设计、导航设计等内容。

在进行系统结构设计时，要注意以下几方面。

第一，最大限度地满足学习者在获取学习资源上的要求。充分发挥课件优势，为学习者提供丰富的学习资源，是制作多媒体课件的首要目标。

第二，保证课件结构清晰、界面连贯、运行高效，多媒体课件应当结构良好，给用户一个文档结构统一、显示风格一致的用户使用界面。

第三，页面设计美观大方，让学习者不但能够方便快速地得到需要的信息，还能得到一种美的享受。

（五）原型开发

在开始制作多媒体课件之前，选择一个相对完整的教学单元，设计制做出教学单元的课件原型，通过原型设计，确定多媒体课件的总体风格、界面风格、导航风格、素材的规格以及编写稿本的要求和内容。

原型应该表现以下细节。

第一，媒体元素的布局和效果。

第二，课件的基本类型特点。

第三，课件内容的逻辑关系和学习顺序。

第四，学习者控制与交互的类型和效果。

课件原型制作完成之后，技术人员在制作课件的过程中，依据课件原型和制作稿本进行制作，课件的风格和特点要与课件原型的风格和特点一致，技术人员也可充分利用课件原型的模板进行制作，以节省人力和时间投入，但要注意的是不能完全照搬和千篇一律，要体现出不同学习内容的具体特点。

（六）稿本设计

选好一个适宜的课件题目后，随即进行稿本的编写工作。稿本设计是根据教学内容特点与系统设计的要求，在一定的学习理论的指导下，对每个教学单元的内容以及各单元之间的逻辑关系进行设计，比如：具体的表现形式、讲解的文稿、显示的文体、使用的图形表格、图片、动画视频，此外还要写出页与页之间连接的交互方式等具体内容。稿本描述了学生将要在计算机上看到的细节，它是设计阶段的总结，也是技术制作人员制作课件的依据。

稿本包括文字稿本和制作稿本，文字稿本是按照教学过程的先后顺序描述每一个环节的教学内容及其呈现方式的一种形式，其主要目的是规划教学软件中知识内容的组织结构，并对软件的总体框架有一个明确的认识；制作稿本包含学习者将要在计算机的屏幕上看到的细节，例如：用各种媒体展示的教学信息、计算机提出的问题、计算机对学习者各种回答（正确的或错误的）的反馈。

稿本编写类似影视剧的编剧，包括课件内容如何安排、声音如何表现和搭配、是否需要加入动画或视频、加在什么地方、课件如何与学生交互（包括按钮设计、热区响应、下拉菜单响应、条件响应、文本输入响应、时间限制响应、事件响应），等等。

可以说，稿本设计是整个课件制作的核心。一个课件的好坏主要取决于课件稿本的编写质量，文字、声音、图像、动画、视频等各种要素要搭配合理，衔接要流畅、自然。要注意的是并非各种媒体采用得越多，课件的教学效果就越好。初学制作课件的人员尤其要注意这一点。

什么样的内容适合用什么样的媒体来表现，并不是多用视频和动画表现就是好课件，有的内容可以仅用文字说明，有的可用图像，而讲解操作过程用视频就比较清楚。

除了图像外，声音的选用也很重要，应把背景音乐和文字解说分开，背景音乐选用 MIDI 乐曲，数据量小，而语音解说只能使用录制的波形文件。同时注意用背景音乐和语音解说都要设置按钮来控制开和关，方便用户选择。

第三阶段：开发

（七）素材制作

素材制作就是设计和构思学习内容所需要的各种素材或各种媒体，如：文本、图像、声音、动画、视频和虚拟现实。媒体的选择是为学习内容服务的，要克服素材制作与学习内容相脱离的弊端，避免"为媒体表现而设计媒体"的现象，努力做到"为内容表现而设计媒体"，因此，在选择使用图像、声音、动画、活动视频等各种媒体时，目的是表达学习内容、突出学习主题，不能不顾主题思想的表达，只顾追求时尚、好看。

稿本写好后，应根据系统的要求，着手准备稿本中涉及的各种素材，包括说明文字、配音、图片、图像、动画、视频，有些素材可以直接在素材库中找到，对于没有的素材，必须通过软件加工编辑得到。素材的准备是课件制作中工作量最大、最繁琐的环节，课件制作人员在时间安排上要充分考虑到这一点。在课件制作过程中，媒体素材制作是一个比较重要的环节。

（八）系统集成

前面的工作做好后，就可以使用多媒体课件开发工具进行制作了。多媒体课件制作工具很多，简单的有 PowerPoint，常用的有 Authorware、ToolBook、方正奥思、蒙泰瑶光、多媒体大师，网络版的有 Microsoft Frontpage、Macromidea Dreamweaver、Macromidea Flash。当然，还有一些专用的课件开发工具，在此不一一赘述。以下简单介绍 PowerPoint 和动态 PPT 制作软件 Focusky。

1. PowerPoint（演示文稿）

Microsoft Office PowerPoint（PPT）——演示文稿软件。制作者可以用其表达某

一主题，将文字、图形、图像、声音和视频等信息集成在一起，并通过设置灵活的交互与丰富的动态效果来增强感染力，形成多媒体作品。

PPT作品可以在投影仪或者计算机上进行演示，也可以将演示文稿打印出来，制作成胶片，以便应用到更广泛的领域中。利用Microsoft Office PowerPoint不仅可以创建演示文稿，还可以在互联网上召开面对面会议、远程会议或给观众展示演示文稿。PowerPoint演示文稿的格式后缀名为ppt、pptx，也可以保存为PDF和图片格式。2010及以上版本可保存为视频格式。演示文稿中的一页就是一张幻灯片，每张幻灯片都是演示文稿中既相互独立又相互联系的内容。

2. 动态PPT制作软件Focusky。

Focusky，是一款新型多媒体幻灯片制作软件，操作便捷性以及演示效果超过PPT，主要通过缩放、旋转、移动动作使演示变得生动有趣。

使用者除了可以制作炫酷幻灯片演示文稿，还可以制作产品说明、纪念册、商业手册、公司报告、时事报道、视频。

特点：

①快速简单的操作体验。所有操作即点即得，在画布上的拖曳移动也非常方便，大部分人可以在1小时内学会基本操作。

②软件自带精美的模板。Focusky提供许多精美的模板，可以快速地制做出好看的多媒体幻灯片。

③3D演示特效打破常规。传统PPT只是一张接一张地播放，而Focusky打破常规，模仿视频的转场特效，加入生动的3D镜头缩放、旋转和平移特效，像一部3D动画电影，给听众带来强烈的视觉冲击。

④思维导图式的体验。自由路径编辑功能可轻易创建出思维导图风格的幻灯片演示文稿，以逻辑思维组织路线，引导体验者去发现、思考。

⑤多种输出格式。Focusky支持多种输出格式，如：HTML网页版、视频，可以上传网站空间在线浏览。

Focusky动画演示大师是一款易学易用的幻灯片演示文稿制作软件、课件制作软件、微课制作软件，功能多样且操作简单，3D缩放、旋转、移动的页面切换方式令人耳目一新，以下介绍怎样高效制作酷炫动态PPT。

①新建空白项目（也可选择路径布局或者模板），可以根据需要添加背景颜色和3D背景、图片背景、视频背景这3种背景图片。

②添加路径和物体，可以根据需要添加矩形窗口、圆形窗口、方括号帧、不可见帧这 4 种路径，通过设置路径的大小和角度实现 3D 缩放、旋转、移动的切换效果；添加图形、图片、文本、视频、音乐、图标、公式、超链接、角色、SWF、特殊符号、艺术图形等各类物体。

③自定义动画，根据需要给路径和物体添加动画，包括进入、强调、退出动画，以及动作路径。

④设置选项，根据需要在选项里对关于、分享、预加载、展示、企业标志、加密这 6 个方面进行设置。

⑤预览，可从当前路径进行预览或是从头预览工程查看效果。

⑥输出，根据需要将制作好的 PPT 输出到云端、分享到微信以便随时随地查看，也可输出成 Windows 应用程序、视频、Flash 网页、HTML5 网页、压缩文件、PDF 等格式文件。

课件集成不是要等所有的素材制作完成后才开始，而是在稿本最后修改完善后就开始，已完成的素材随即编入程序，未完成的可以在以后插入。可以先制作工作流程图，依次完成每一步工作，也可以先完成基本框架，再补充完善。按这种顺序集成，编制人员的思路清晰连贯，易于检查错误，工作效率比较高。

在课件集成阶段需要加强管理。首先是要及早编制好素材文件列表，包括素材编号、文件名及路径、内容特征、文件大小、图像尺寸、音频和视频长度、制作人、使用情况备注。在集成过程中，要用素材文件列表跟踪素材的使用情况。其次是做好版本控制，应该很清楚地知道自己或者项目组成员使用的是否为素材文件的最终版，并且确保最终集成的课件是一个完善的版本。

（九）评价和修改

在课件制作过程中，要不断地对课件进行评价和修改工作，它是课件制作过程的重要组成部分，也是课件质量的保证。

评价包括形成性评价和总结性评价，这是属于面向学习资源的评价。形成性评价是在课件开发的过程中实施的评价，是为提高课件质量提供依据，它的目的在于改进课件的设计，使之更加符合教学的需要，便于提高质量和性能；总结性评价是在课件开发结束以后进行的评价，其目的是对课件的性能、效果等做出定性、定量的描述，确认课件的有效性和价值，为课件更新提供改进意见，并总结课件制作经验。评价内容通常包括学习者的反应、态度和学习者使用课件的具体情况以及学习者在预期环境中的行为变化。

（十）发布和应用

课件制作完成后，用户可以用以下几种方式来发布自己的作品：磁盘、光盘和网络。多媒体课件经过多次修改完善后，就可以投入使用。教师除自己在教学中使用外，同时还可以进行交流、推广或发行。教师在实际教学中使用课件后，可能会发现这样或那样的不足，因此，课件投入使用并不是万事大吉，还需要不断地收集课件在教学应用中的反馈信息，不断地对课件进行修改、完善与升级，使之更加适合教学的要求，达到实用、好用之目的。

四、多媒体课件的应用

（一）课件的放映

1. 放映前的设置

（1）节的设置

节功能将演示文稿的幻灯片模块化，也就是将多张幻灯片编成组，便于演示与管理。切换到普通视图，在幻灯片的缩略图之间，需要添加节标题之处，单击鼠标右键，选择"新增节"快捷命令，添加节标题。在节标题上单击鼠标右键，可对节标题进行重命名、删除节等操作。

（2）演示部分内容的设置

同一演示文稿，面对不同对象，可以选择演示部分内容。选择放映课件中的部分幻灯片有两种方法：第一种是减法，即隐藏多余的幻灯片。在不希望展示幻灯片的缩略图上单击鼠标右键，选择"隐藏幻灯片"命令，隐藏多余的幻灯片。第二种是加法，即在自定义放映列表中添加需要演示的幻灯片。在功能区中点选"幻灯片放映"/"开始放映幻灯片"/"自定义幻灯片放映"，弹出"自定义放映"对话框。点击"新建"按钮，弹出"自定义放映"对话框，勾选放映的幻灯片，点击"添加"按钮，勾选的幻灯片显示在"在自定义放映中的幻灯片"列表中，通过右边的上下按钮，调整幻灯片播放的顺序。单击"确定"按钮，返回"自定义放映"对话框，点击"放映"按钮，开始以自定义的方式放映演示文稿中的部分幻灯片。自定义放映设置好后，下次利用时，点击"自定义幻灯片放映"下方三角按钮，选择相应的自定义放映即可。

2. 放映中的设置

（1）定位到幻灯片

在幻灯片放映过程中，用户可以自由切换和定位。在键盘上输入数值，按回车键，快速定位到指定页码，如按数值"5"键后，按回车键，直接跳转到第5张幻灯片。在放映视图中，单击鼠标右键，选择"查看所有幻灯片"命令，点击幻灯片缩略图，跳转到指定幻灯片。在右键快捷菜单中选择"上次查看过的（V）"，跳转到上次放映的幻灯片。

（2）为重点内容做标记

在演示文稿放映过程中，用户可以利用画笔在幻灯片上添加圈注、勾画等操作，以吸引听众注意力和增强演示文稿的表达能力。在放映视图中单击鼠标右键，选择"鼠标指针"/"笔"命令，当鼠标指针变成点状时，在幻灯片上拖动鼠标，进行勾画和圈注。

（3）利用演示者视图

在制作课件时，如果把讲稿全部搬到幻灯片中，画面不美观，也不利于听众抓住要点。如果教师想避免"照本宣科"的嫌疑，将课件制作得比较精练，在讲演过程中可能会遗漏某些细节。该如何避免这样的问题呢？可以利用"演示者视图"功能，使讲演者能够看到观众所看不见的备注信息。

将计算机与投影仪连接后，按"Win＋P"组合键，打开屏幕设置面板，选择"扩展"选项，即将投影仪设置为拓展的屏幕。

在"幻灯片放映"面板，"监视器"功能组中，设置监视器为"主要监视器"，勾选"使用演示者视图"选项，计算机上显示幻灯片和备注的内容，而投影仪上则只显示幻灯片中的内容。

如果教师在备课时，尚未连接投影仪，但想预览"演示者视图"效果，以便做好充分准备，可以在计算机放映幻灯片时，单击鼠标右键，选择"演示者视图"命令，进入演示者视图。左边窗口是听众所看到的内容，右边部分是演讲者看到的内容，上边是下一张幻灯片缩略图，下边是当前幻灯片的备注信息。

（二）课件的打印

课件制作完成后，有时需要打印，做成讲义或者留作备份。

打开演示文稿，选择"文件"/"打印"菜单命令，在"打印"窗口中设置打印的范围、版式、色彩等选项。

打印范围。默认打印全部幻灯片；可选择打印其中一节，如"说教材"一节；或者选择自定义范围，如"1-6"，打印第1张到第6张幻灯片。

打印版式。设置一张打印纸上放置几张幻灯片，横向或纵向打印。选择"3张幻灯片"，纵向打印，以这种方式打印课件，做成学习材料，方便学生学习新知的同时撰写心得与总结。

打印色彩。根据实际需要，选择彩色、灰度、纯黑白的方式打印。

(三) 格式的转换

演示文稿转换为 PDF 格式。如果担心自己制作的课件在其他电脑上无法播放（Office 版本较低），或者无法按原先设计的样式显示（没有相应的字体），又或者担心他人修改自己的课件，用户可将演示文稿转换为安全性和易读性较高的 PDF 格式。操作的方法很简单，利用"文件"/"另存为"菜单命令，设置保存类型为 PDF 格式即可。

演示文稿转换为 Word 文档。如果需要引用演示文稿中的部分文字内容，采用逐页复制的方式效率低下，可在大纲视图中快速复制文本内容。在功能区中选择"视图"/"演示文稿视图"/"大纲视图"命令，切换到大纲视图。在左侧的大纲视图中拖动鼠标选择所需的文本内容（按"Ctrl"键，可选择不连续的内容），按"Ctrl+C"组合键复制选择的内容，在 Word 文档中粘贴即可。要注意的是：只有文本占位符的文本才会在大纲视图中显示，而文本框中的文本无法在大纲视图中显示。如果要将整个演示文稿的文本占位符中的文本内容转换为 Word 文档，可以将演示文稿另存为 RTF 格式，然后利用 Word 文档打开 RTF 格式文件。

第二节 多媒体课件素材处理要点

获取的多媒体素材有时需要加工处理，才能满足教学需求。素材是多样的，加工的工具和方法也是多样的，要根据素材的类型、特点和加工的需求，选择合适的工具和方法。

一、图像素材的处理

目前常用的图像处理的软件主要有功能强大的 Photoshop 和操作便捷的美图秀

秀，Powerpoint 的图像处理功能也日渐强大。在处理图片时，用户可以根据图像处理的复杂程度、操作的便捷性以及个人习惯，选择处理的工具和方法。

（一）QQ 截图

截图的软件有很多，如：Snagit、HyperSnap、红蜻蜓、抓图精灵。腾讯 QQ 是一款常用的社交软件，同时具有截图的功能，还可以对截取的图像进行标注，因此，它成为一款获取图像的常用工具。以下介绍 QQ 截图与添加标注的操作方法。

QQ 截图。连接网络，登录 QQ，打开所需截取的图片，按"Ctrl + Alt + A"组合键，选择截图区域。

添加标注。选择画面截取的区域之后，弹出截图工具栏。如果需要对所截取的图像添加标注，在工具栏中选择矩形、椭圆、箭头、笔刷、马赛克、文本等工具，设置工具的属性，如笔画大小、颜色等，在图形中添加标注即可。

利用截取的图像。完成图像截取后，点击工具栏中"完成"按钮，或者双击鼠标，所截取的图像就会复制到剪贴板中。打开演示文稿或者电子文档等，按"Ctrl + V"组合键，将图像粘贴到所需的位置。如想取消截图，用户可以点击工具栏中的"退出截图"按钮，或者按"Esc"取消键，取消截图操作。

（二）图像的基本处理

对图像的基本处理包括大小、裁剪、旋转、亮度、对比度、色彩、清晰度的处理。可以在 PowerPoint 的"设置图片格式"窗格中设置，也可以利用 Photoshop 的"图像"菜单中的各项命令调整，还可以在美图秀秀的"美化图片"模块中设置。美图秀秀是一款免费的图像处理软件，界面直观，操作简单，为广大用户所喜爱。下文以美图秀秀为例，介绍图像基本处理的操作方法。

打开图像文件。启动美图秀秀，选择"美化图片"功能。单击界面右上角的"打开"按钮，选择待处理图像。

调整图像。在"美化"选项卡中，对图像的亮度、对比度、色彩、清晰度、大小进行调整。点击"撤销"按钮可撤销上一步操作，点击"撤销"按钮旁边的下三角按钮，显示操作记录，撤销到指定步骤。如果想恢复原图，直接点击"原图"按钮即可。

保存图像。点击界面右上角的"保存与分享"按钮，设置图像保存的路径、类型、画质等参数，点击"保存"按钮即可。

（三）删除图像背景

在课件中使用图片素材时，有时原图背景会影响画面的美感。删除图像背景的工具和方法有很多，利用美图秀秀删除图片背景的操作十分快捷。

打开图像，启动美图秀秀，选择"美化图片"功能，在美图秀秀中打开待处理的图像。

抠除背景，单击界面左侧栏中"抠图笔"工具，选择"自动抠图"样式，拖动鼠标选择保留的范围，软件自动识别主体与背景。如果对所选的区域不满意，选择"删除笔"模式，拖动鼠标选择删除的区域，蚁行线所围成的封闭区域是选取的区域。

保存透明背景图像。如果需要更换图片背景，可以点击图像下方"完成抠图"按钮，退出抠图窗口，选择图像背景。如果希望保存透明背景的图片素材，点击图像下方"保留为透明背景"按钮，设置保存路径，默认保存类型为透明背景的 png 格式。

（四）去除图像水印

网络的图片素材有时带有网站或作者添加的水印，以防侵权。如果需要去除水印，可以选择使用 Adobe Photoshop 或者美图秀秀软件。美图秀秀操作相对直观简单。

打开图像，启动美图秀秀，进入"美化图片"功能，打开待处理图片，点选左侧栏"消除笔"工具，在图片的水印上涂抹。涂抹时要注意调整画笔的大小和图像的缩放比例，涂抹尽量不要超出水印的范围。

保存图像。完成涂抹后，点击图像下方的"应用"按钮，退出消除笔窗口，点击主界面右上角的"保存与分享"按钮，保存图像即可。

（五）制作半透明图像效果

制作演示文稿时，如果背景图片色彩过于鲜亮、清晰度过高，会对主题文字造成干扰，可将背景图片制作为半透明效果。制作图片半透明效果的方法有很多，如利用 Photoshop 图层面板中的不透明度选项，调整图片透明度，然后将图片保存为支持透明效果的 png 格式，再插入幻灯片中；或者在幻灯片中插入矩形，用背景图片填充该矩形，调整矩形的不透明度（在幻灯片中不能调整图片的不透明度，可以调整形状的不透明度）；还可以利用遮挡的方式制作背景图片半透明效果，即用半透明的形状遮盖在背景图层之上。

插入形状。利用 PowerPoint 打开有清晰背景的演示文稿，在幻灯片中插入矩形形状，覆盖幻灯片全部或局部，将矩形调整至文字层和背景层之间。

设置形状格式。在矩形图形上点击鼠标右键，选择"设置形状格式"快捷命令。在弹出的设置形状格式窗格中，设置矩形为无线条，填充色为白色，透明度调整至合适大小，即可以得到半透明背景的效果。

（六）制作渐变透明图像效果

清晰的背景、亮丽的色彩，有时会对演示文稿中的文字造成视觉干扰。渐变半透明背景图片，可以留出放置文本的局部，突出文字内容，又可使背景自然过渡。制作渐变透明图像效果的方法很多，如在 Photoshop 图层面板中为该图层添加渐变蒙版，然后将图像保存为支持透明效果的 png 格式；在 PowerPoint 中使用遮挡法制作渐变透明背景效果，即在背景图层上添加渐变的形状图层。

插入矩形图形。在背景层之上、文字层之下，插入矩形图形。

设置形状格式。在矩形图形点击鼠标右键，选择"设置形状格式"快捷命令，打开"设置形状格式"窗格，设置图形填充色为渐变填充，设置渐变方向、色标颜色、透明度等属性。需要说明的是渐变色的设置：添加色标，在渐变色标设置栏中空白处点击鼠标；移动色标，选择并左右拖动色标；删除色标，选择并向下拖动色标；设置色标，选择色标后再设置其颜色、透明度和亮度等属性。

二、音频素材的处理

（一）音频处理的基础知识

1. 声音的分类

声音是由物体振动产生的，以声波的形式传播，通常把正在发声的物体叫声源。声音根据不同的标准有不同的分类方法。

（1）按照频率分类

声波的频率是声源振动的频率，即每秒声源来回往复振动的次数。频率的单位通常用 Hz（赫兹）来表示，简称赫。按照声波频率的不同，声音可以分为次声波、超声波和人耳可听声波 3 种。

人耳可以听到的声音频率范围是 20Hz~20kHz，频率高于 20kHz 的声波，称为超声波；频率低于 20Hz 的声波，称为次声波。一般音乐的频率范围在 40Hz~5000Hz，人说话的频率范围在 100Hz~800Hz。

(2) 按照内容分类

一般来说，声音按内容分类，可分为语音、音乐和音响3种。语音是由人的发音器官发出，负载一定的语言意义的声音；音乐是指有旋律的乐曲；音响是节目中除了语音和音乐以外所有声音的统称。

(3) 按照存储形式分类

声音按照存储的形式不同，基本可以分为模拟音频和数字音频，数字音频又可以分为波形文件和合成声音。

模拟信号是指用连续变化的物理量（时间、幅度、频率、相位）表示的信息。数字信号是人为抽象出来的不连续信号，它通常可以由模拟信号获得。数字信号的取值是不连续的，取值的个数是有限的。

波形文件是采集各种声音的机械振动而得到的数字文件，波形文件的特点是可以很好地重现原始声源的效果，常常用于音乐歌曲等声音的录取，但文件的存储空间比较大。合成声音由计算机通过一种专门定义的语言来驱动一些预置的语言或音乐合成器产生，如MIDI声音。MIDI传输的不是声音信号，而是音符、控制参数等指令，它指示MIDI设备要做什么、怎么做，如演奏哪个音符、多大音量。

2. 声音的物理特性

声音是由物体机械振动或气流扰动引起的弹性媒质发生波动产生的。声音必须通过空气或其他的媒质进行传播，形成声波，因此声音具有波形的基本属性。声音的物理特性主要有频率、振幅、频谱。频率即单位时间内声源来回往复振动的次数。声波的振幅是指振动物体离开平衡位置的最大距离。频谱是频率谱密度的简称，是频率的分布曲线。

3. 声音的心理特性

人们通常利用音调、音量、音色描述对一个声音的主观心理感受。

人耳对声音高低的感觉称为音调。音调主要与声波的频率有关，声波的频率高，则音调也高。

人耳对声音强弱的主观感觉称为音量，也称响度。声音的响度与声波的振幅和频率有关。人耳对中频较为敏感，也就是说相同的振幅，中频的声音感觉比高频和低频更强。相同频率的声音，振幅越大，则音量越大。音量通常以分贝（dB）表示。

音色是人们区别具有同样响度、同样音调的两个声音之所以不同的特性，或者说是人耳对各种频率、各种强度的声波的综合反应。人们能够分辨具有相同音高的钢琴和小号声音就是因为它们具有不同的音色。音色取决于声波的频谱。

4. 音频数字化

模拟音频信号是一个在时间上和幅度上都连续的信号，它的数字化过程如下所述。

（1）采样

在时间轴上对信号数字化。也就是，按照固定的时间间隔抽取模拟信号的值，采样后就可以使一个时间连续的信息波，变为在时间上取值数目有限的离散信号。

（2）量化

在幅度轴上对信号数字化。也就是，用有限的幅度值近似还原原来连续变化的幅度值，把模拟信号的连续幅度变为有限数量的、有一定间隔的离散值。

（3）编码

用二进制数表示每个采样的量化值（十进制数）。

数字音频的质量取决于采样频率、量化位数和声道数3个因素。采样频率是指单位时间内的采样次数。根据奈奎斯特（Nyquist）采样理论：只要采样频率f（1/T）高于输入信号最高频率的两倍，则经过采样后的信号能够包含原模拟信号的全部信息，且经过反变换和低通滤波后可不失真地恢复原模拟信号。因此，为了保证声音不失真，采样频率最好在40k左右。

量化位数，又称为量化精度或采样位数，简单地说就是描述声音波形的数据是多少位的二进制数据。

采样频率越高，量化位数越多，则音频的保真度越高，但文件也越大，因此要在保真度和文件的大小之间找一个平衡点。

声音的通道个数称为声道数，是指一次采样所记录产生的声音波形的个数。记录声音时，如果每次生成一个声波数据，称为单声道；如果每次生成两个声波数据，称为双声道，也称立体声。

（二）音频素材录制

获取音频素材的方法主要有3种：网络下载、提取影片中的音频、自主录制。前文已经就部分内容做过介绍，不再赘述。在此主要就从影片中提取与处理音频素材做一个简单介绍。

利用QQ影音软件播放影片文件，在播放窗口中右击鼠标，选择"转码/截取/

合并"/"视频/音频截取"命令,切换到"视频/音频截取"模式。点击截取时间线上"保存"按钮,弹出"视频/音频保存"对话框。在"输出类型"选项组中选择仅"保存音频"选项,并设置保存文件格式,输入文件名,指定文件存储路径,点击"确定"按钮,即可提取影片中的音频。

音频制作软件通常具备录制音频、转换音频格式、编辑合成音频功能,常用的音频制作软件主要有 Adobe Audition CC、GoldWave、Sony Sound Forge。下面以 Adobe Audition CC 为例,介绍音频的录制与编辑合成。

音频录制的基本步骤:

1. 插入麦克风

将麦克风插入声卡的麦克风插孔,台式电脑可以选择主机箱后面或前面的麦克风插孔。

2. 设置系统声音

在任务栏的右边小喇叭图标上单击鼠标右键,选择"录音设备"快捷命令,弹出系统"声音"设置对话框,在"录制"选项卡中选择录音设备并单击鼠标右键,选择"设置为默认设备"快捷命令。点击"属性"按钮,打开"麦克风属性"对话框,在"级别"选项卡中,设置麦克风的增益;在"高级"选项卡中,设置麦克风的默认格式,即录音的声道数、位深度和采样频率,如"2 通道,16 位,44100Hz"。点击"确定"按钮,返回系统"声音"设置对话框,切换到"播放"选项卡,用同样的方法设置播放设备各项参数,即设置播放设备的增益、声道数、位深度和采样率,使播放设备和录音设备的声道数、位深度和采样率一致。

3. 设置 Audition 输入设备与输出设备

启动 Adobe Audition CC 软件,选择"编辑"/"首选项"/"音频硬件"菜单命令,弹出音频硬件设置对话框,将"默认输入"和"默认输出"与系统声音设置一致。

4. 新建音频文件

点击工具栏上的"波形"按钮,弹出新建音频文件对话框,输入文件名,设置采样率、声道数和位深度(建议将新建音频文件的采样率和位深度设置与录音设备和播放设备一致)。

5. 开始录音

点击工作区下方的"录音"按钮,开始录制麦克风声音,在工作区中预览声音波形。如果波形偏小，则会影响音频的信噪比；如果波形过大，则会产生消波失真。按照第二步，调整系统声音录制设备的增益至合适大小。

6. 保存音频文件

完成录音后，按工作区下方的"停止"按钮，停止录音。选择菜单栏中的"文件"/"保存"命令，输入文件名，设置文件存储路径、文件格式，点击"确定"按钮即可。wav 格式是未经压缩的音频格式，文件码流较大，如 2 声道、16 位深度、44.1k 采样率，则 wav 格式的码流是 1411.2kbps（2×16×44.1=1411.2）。如音频文件仍需进行后期的编辑与修改，建议保存为该格式，以保证音频质量。与 wav 格式一起保存的文件还有 pkf 文件，该文件是波形显示缓冲文件，如果计算机运行速度足够快，或者音频时间不长，可以将其删除。如果已经完成音频录制，不需要后期编辑，建议将文件保存为 MP3 音频压缩格式（可以设定码流的大小，码流越高，音质越好，文件也越大），以便在课件中使用或在网络上传输。

（三）音频素材的基本剪辑

如果音频素材需要修剪，可以使用音频制作软件对其进行必要的剪辑。与文本的处理相似，音频素材的剪辑的基本步骤是，先在编辑软件中打开文件，然后选择需处理的区域，再进行复制、粘贴、删除等操作。

1. 打开文件

在 Audition 中打开音频文件的方法有 3 种。

①选择"文件"/"打开"菜单命令，或者在"文件"管理面板的空白处右击鼠标，选择"打开"命名，弹出"打开文件"对话框，选择音频文件，点击"打开"按钮。

②在 Windows 资源管理器查找到所需的文件，将文件拖曳至文件管理窗口中。

③在"媒体浏览器"面板中查询文件，双击打开文件。如果面板较小，可将鼠标放置在面板边沿上，拖曳鼠标，调整面板大小。按键盘上的"~"键（波浪键），可将当前选择的面板扩展至满屏，再次按波浪键，可退出面板扩展显示。

2. 选取波形

①选择部分波形。在工作区中拖曳鼠标，高亮显示的波形是被选中的区域。如需调整选择区域，将鼠标放置在时间标尺中边界标记点，当鼠标指针变成双向箭头时，左右拖动鼠标即可调整选择区域的边界。按住"Shift"键，在选区外单击鼠

标，也可调整选择的区域。在工作区中任意位置单击鼠标，可取消选区。在工作区中滚动鼠标中键，可缩放波形时间显示比例。

②选择一个声道的波形。单击编辑区右边的"L"和"R"按钮，可以使左声道或者右声道处于可编辑或者不可编辑状态，如此即对其中的一个声道进行选择与编辑。

③选择整个波形。选择"编辑"/"选择"/"全选"菜单命令，或者按"Ctrl+A"组合键，或者在工作区中三击鼠标左键，可选择整个波形。

3. 复制波形

①复制到剪贴板。在选择的区域中右击鼠标，选择"复制"命令，或者按"Ctrl+C"组合键，可将选择的波形复制到剪贴板。

②复制到新建。如需将选择区域的波形复制并生成新的文件，然后对其加以编辑，不需要复制、新建、粘贴等步骤，可直接在选区上右击鼠标，选择"复制到新建"快捷命令，选择的区域即可复制到新建的文件中。

4. 粘贴波形

粘贴就是将剪贴板中暂存的内容添加到新的区域。在工作区中单击鼠标，将播放头定位到粘贴处，按"Ctrl+V"组合键，或者单击鼠标右键，选择"粘贴"命令，粘贴剪贴板中的内容。如需将剪贴板中的内容与播放起始点后的波形混合，则选择"混合粘贴"鼠标右键快捷命令。

5. 删除波形

选取删除的区域，按键盘"Del"键，即可删除所选波形。如果是想删除某段声音，但后面的波形不往前移动，即波形的时长不变，则应在选区内单击鼠标右键，选择"静音"命令，将选择区域静音。如需插入静音，在工作区中单击鼠标，定位播放起始点，选择"编辑"/"插入"/"静音"命令，在播放起始点后面插入指定时长的静音。如需删除音频文件，在"文件"管理面板中选择该文件，按"Del"键进行删除。

6. 剪切波形

剪切波形是保留所选区域，删除非选区域波形的操作。在选区内单击鼠标右键，选择"剪切波形"，或者按"Ctrl+T"组合键，即可完成波形裁剪。

（四）噪声的去除

Audition是一款功能强大的音频处理软件，其降噪功能可以很好地去除音频素材中的噪声。操作步骤如下。

1. 选择噪声样本

在工作区中拖曳鼠标，选择噪音波形（在录制音频时，应预先录制几秒环境噪声）。

2. 捕获噪声样本

在菜单栏中选择"效果"/"降噪/恢复"/"降噪处理"命令，弹出"效果—降噪"对话框，点选"捕获噪声样本"按钮，分析噪音的频谱成分与强度。

3. 对整段波形降噪

点击对话框中"选择完整文件"按钮，选取整个波形文件，点击"应用"按钮，以所捕获的噪声样本对整个波形文件进行降噪。

需要说明的是：降噪是一种破坏性操作，过度的降噪处理会导致声音变形，若噪声的频率与有用声音信号的频率相同或相近，降噪对音质的损伤更大，因此录音时，需要尽量避免环境杂音或硬件产生的噪声。另外，在不同的环境下，噪声的频率与幅度也不一样，更换录音环境，需重新进行噪声采样。

（五）音量的调整

调整音量（波形振幅）的方法有很多，下面介绍几种常用的操作。

1. 调整整个波形的音量

在工作区中单击鼠标，取消波形选区，将鼠标放置在调整振幅浮动条上，当鼠标指针变成双向箭头时，左右拖动鼠标，调整波形振幅，或者直接输入增益的数值。

2. 调整部分波形的音量

在工作区中拖动鼠标，选取待处理部分波形，同样用上述方法调整部分波形的振幅。

3. 制作淡入/淡出效果

音频淡入效果是指声音由弱逐渐变强的效果，淡出效果是指声音从强逐渐变弱的效果。将鼠标放置在淡入（淡出）浮动按钮上，当鼠标变成双向十字箭头时，左右拖动鼠标，可调整淡入（淡出）的时长，上下拖动鼠标，可调整音量线的曲度。

（六）效果器的使用

Audition软件内置丰富的效果器，如果仍不能满足用户需求，还可以到网络上下载效果器插件。使用效果器的方法有两种：方法一是使用菜单中的效果器，方法二是使用"效果组"面板。利用菜单中的效果器对波形文件进行的是破坏性处理，而"效果组"面板中的效果器对波形文件是非破坏性处理。并非所有的效果有对应的非破坏性处理，因此在"效果组"面板中的效果会比菜单中的效果差许多。而使用"效果组"面板中的效果器方便之处在于，它对所应用的效果器可进行便捷管理，如进行关闭、移除、编辑、顺序调整的操作。下面介绍几种在音频素材处理中常用的效果器。

1. 混响效果

在录音室中录制的声音，虽然比较干净，但声音过于干涩，感觉好像在空旷的室外所听到的声音，缺乏真实感，适当添加混响效果，可以模拟出在厅堂、走廊等环境下的声音效果。

打开"效果组"面板，点击右边的三角形按钮，在弹出的效果器快捷中选择"混响"/"混响"选项，在弹出的警告对话框中点击"确定"，弹出"组合效果－混响"对话框，设置各项参数。如果对各项参数不是很熟悉，可以在预设栏中选择软件预设的各种效果，还可以点击面板中的"显示帮助信息"按钮，了解效果器各项参数的设置。如果对自己调整的效果较为满意，点击"收藏"按钮，将其添加到收藏夹中，下次使用时，只需从"收藏夹"菜单中调取即可。完成设置后，关闭对话框。按空格键，播放波形文件，预览效果。

在"效果组"面板中显示已应用的效果器。如需关闭效果器，点击效果器左边的"切换开关状态"按钮即可；如需去除已添加的效果器，右键单击"效果器"面板中的效果器，选择"移除所选效果"命令，或者按"Del"键。

2. 伸缩与变调效果

伸缩与变调效果器可以伸缩声音和调节声音音调，此效果器可用于模拟不同角色，如通过降调与降速，模拟低沉、舒缓的声音。操作方法如下。

打开音频文件，在菜单栏中选择"效果"/"时间与变调"/"伸缩与变调"命令，弹出"效果—伸缩与变调"对话框，设置各项参数，点击"预览"按钮，预览效果。完成设置后，点击"应用"按钮，将效果应用于波形文件。

3. 电话语音

电话传送的语音频率范围在300～3400Hz，可以利用FFT滤波器模拟电话语音效果，也可以利用收藏夹中设置好的电话语音效果，快捷制作电话语音效果。

选择应用效果的区域波形（如果没有选区，效果器将应用于整个波形），在菜单栏中选择"收藏夹"/"电话语音"命令。按空格键，预览效果。

（七）音频的合成

利用 Adobe Audition 多轨编辑器，可合成多个波形文件，如人声、音乐与音效的混合，操作步骤如下。

1. 新建混音项目

点击工具栏上的"多轨"编辑器按钮，打开"新建多轨会话"对话框，设置混音项目名称、存储路径、采样率和位深度等参数，进入多轨编辑视图。

2. 添加音频素材

将波形文件从"文件"管理面板或"媒体浏览器"面板中拖动到轨道上。如果音频素材与项目文件的采样率不一致，会弹出转换采样率的警告窗口，点击"确定"按钮，转换采样率即可。

3. 管理声音轨道

在菜单栏中选择"多轨混音"/"轨道"命令，可对轨道进行添加、删除等操作。在轨道名称上单击鼠标，为轨道命名。单击轨道名称右边的"M""S""R"可分别使该轨道的音频处于静音、独奏或录音状态。

4. 剪辑音频块

①移动音频块。利用工具栏中的移动工具，选择音频轨道中的音频块，将其拖动到合适的位置。②切割音频块。选择剃刀工具，在音频块上单击鼠标，切割音频块。③滑动已裁剪的音频内容。选择滑动工具，在已经切割的音频块上拖动鼠标，滑动波形内容。④选择音频块的部分波形。选择工具栏中的时间选择工具，在音频块上拖动鼠标，点选局部波形，可对局部波形进行复制、剪切、删除等操作。在音频轨中单击鼠标，取消选区。⑤在单轨道视图中编辑。使用移动工具，双击轨道中的音频块，进入单轨道编辑器视图。编辑完成后，点击工具栏中的"多轨"编辑器按钮，回到多轨道编辑器视图模式。

5. 调整音量

①设置淡入/淡出效果。使用移动工具，单击选择轨道中的音频块，拖动音频块首尾的淡入/淡出浮动滑块，为音频块添加淡入/淡出效果。②调整局部音量。使用移动工具，选择音频块，在音频块中的黄色音量包络线上单击鼠标，添加音量包

络线控制节点，上下拖动控制点，可以调整波形局部的音量。

6. 在伴音下录制音频

在工作区中单击鼠标，定位播放头。点选音频轨道设置区中的"R"（准备录制）按钮，使该声音轨道处于可录制音频状态。点击工作区下方的"录音"按钮，播放轴开始走动，在其他声音轨道的伴音下录制音频。

7. 导出多轨混音

完成音频合成后，选择"文件"/"导出"/"多轨混音"/"整个会话"菜单命令，弹出"导出多轨混音"对话框，输入文件名，设置保存路径、格式、码流等参数，点击"确定"按钮，导出合成音频。

三、视频素材的处理

（一）视频的截取

摄录或下载的视频素材可能会有错误或多余的部分，需要将其裁剪，截取其中有用部分。截取视频的工具有很多，如：绘声绘影、Adobe Premiere、格式工厂、暴风影音，等等。不同软件，其具备的功能不一样，操作也有所差异，应根据所需处理的复杂程度和操作的便捷性，选择适合的工具。

如果只需对视频进行简单的截取操作，如裁剪素材的开始和结尾多余的部分，建议使用QQ影音软件。QQ影音是一款常用的视频播放软件，安装包小、CPU占用少、播放流畅清晰，还具有视频截图、剧情连拍、视频截取和GIF截取功能，可以帮助用户将精彩片段截取出来独立保存。不仅如此，QQ影音还提供音视频转码、压缩、合并等实用的小工具。下面介绍使用QQ影音截取视频素材的操作方法。

1. 播放视频文件

下载安装QQ影音，选择使用QQ影音播放视频素材。

2. 设定截取范围

点击播放窗口右下方的"影音工具箱"按钮，点选工具箱中"截取"工具。在视频播放窗口的下方显示视音频截取的工具栏。滑动截取起点标记和终点标记，设定截取范围。

3. 保存截取内容

点击工具栏中"保存"按钮，弹出"视/音频保存"对话框，在输出类型中选择"无损保存视频"选项（如需转换成其他视频格式，在输出类型中选择"保存视频"选项，设置视频的格式、分辨率、质量等参数），输入文件名，指定文件存储路径，点击"确定"按钮，开始保存截取范围的视频内容。保存结束后，点击工具栏中右边"关闭"按钮，或按"Esc"取消键，退出视频截取状态。

与其他工具相比，使用QQ影音截取视频的优势在于，它能够在不转换、不压缩视频格式的情况下截取视频，从而保证视频的画质不受影响，而且操作十分快捷。

（二）视频的合并

视频合并是将几个视频素材拼接在一起，以形成一个完整视频的操作。使用视频编辑软件可以完成视频合并，但视频编辑软件安装费时，占用空间大，运行占用内存多，操作过程繁杂。利用常用的视频播放软件QQ影音，就可以快捷实现视频合并。

1. 添加合并文件

启动QQ影音，单击播放窗口右下角的"影音工具箱"按钮，点选"合并"工具，弹出"音视频合并"对话框。点击"添加文件"按钮，添加合并的视频文件。

2. 调整合并顺序

在文件列表中显示合并文件的相关信息。合并是从上而下依次进行的。如需调整视频文件的先后顺序，点选视频文件，点击右上角的"上移"或"下移"按钮。如需删除视频，点击"删除"按钮。

3. 设定合并参数

如果合并的几个视频在格式或分辨率、码率上不一致，无法满足无损合并的要求，软件会自动设定默认转码合并参数，可以根据自己的需求自定义参数。点击输出设置选项组中的"自定义参数"按钮，在弹出的对话框中设置合并视频的分辨率、格式和码率、帧频率等参数。设置完成后，点击"确定"按钮，返回"音视频合并"对话框。

4. 合并视频

输入文件名，设定保存路径，点击"开始"按钮，开始合并视频。如果需要将原视频中的音频去除，替换为背景音乐，勾选"替换背景音乐"选项，指定背景音乐文件。

（三）格式的转换

在制作课件或者编辑视频时，也许会遇到视频格式不兼容、无法导入软件中的情况，这时需要转换视频文件的格式。转换视频格式软件有很多，如：格式工厂、魔影工厂、QQ影音、暴风影音。下面以格式工厂为例，介绍视频格式转换的方法。

1. 启动格式工厂

格式工厂支持多种格式的视频、音频的转换、合并等操作，界面直观友好、操作便捷。软件操作界面大致可分为菜单栏、工具栏、功能区、任务栏等区域。

2. 设置转换格式

在功能区中选择"视频"选项，在列表中选择输出视频格式，如MP4格式，弹出转换格式设置对话框。点击"输出配置"按钮，弹出"视频设置"子对话框。设置视频、音频、字幕、水印、高级等各类参数，如果用户对参数不熟悉，可以选择使用软件预设配置。设置完成后，点击"确定"按钮，退出"视频设置"对话框，返回输出任务设置对话框。

3. 添加源视频文件

点击"添加文件"按钮，添加一个或多个源视频文件。设定输出文件夹，点击右上角的"确定"按钮，回到格式工厂主界面。

4. 开始转换格式

在任务区中显示已经设置的转换任务，可以根据需求，继续添加其他格式转换的任务。点击工具栏中"开始"按钮，软件开始执行视频格式转换任务。

（四）视频剪辑的基本过程

视频剪辑大致可以分为获取素材、节目编辑、影片输出三大步骤。素材类型主要有视频、图片、音频、动画、字幕，素材的来源主要有摄像机、照相机、手机、扫描仪、碟片以及网络上下载的各种图文声像数字化材料。节目编辑主要包括画面编辑、配音、配乐、添加字幕。影片输出是将编辑好的节目封装成可在其他平台上播放的视频文件。影片的制作就好比产品的生产，要有原料、生产线和产品，素材文件是影片制作的原料，项目文件是影片制作的生产线，影片文件是影片制作的产品。视频编辑的软件有很多，较为常见的有会声会影、爱剪辑、Adobe Premiere。会声会影软件界面友好，操作简便，被广大非专业人士所喜爱。下面以会声会影X9为例，介绍视频剪辑的基本操作。

1. 启动会声会影

会声会影界面由步骤面板、菜单栏、播放器面板（包括预览窗口和导览面板）、素材库面板、时间轴面板（包括工具栏和项目时间轴）等几个部分组成。

2. 导入素材

将素材文件从 Windows 资源管理器中拖曳至媒体素材库面板。

3. 添加素材

从素材库面板中，将视频、图片、动画、字幕、音频等不同类型的素材，拖曳到时间轴中相应的视频轨、覆叠轨、标题轨、声音轨、音乐轨等轨道上。

4. 修整素材

拖动时间轴中的播放头，将其定位到修整处，点击导览面板中的"剪刀"工具，分割素材，选择需剪除的片段，按"Del"健删除。

5. 输出影片

单击步骤面板中的"分享"选项，切换到分享面板，设定输出文件格式，输入文件名，指定保存路径，单击"确定"按钮，输出影片文件。

（五）视频的基本剪辑

1. 导入素材

导入素材就是将素材引用到项目文件中，以便节目编辑时调用。导入素材的方法有 3 种：①从资源管理器中将素材文件拖曳到媒体素材库面板中。②在媒体素材库面板的空白处单击鼠标右键，选择"插入媒体文件"命令。③在菜单栏中选择"文件"/"将媒体文件插入到素材库"命令。

同类型的素材有多种格式，同种格式又有不同的编码方式，如视频素材有 avi、mpg、wmv、mov、flv 等不同的文件格式，并非所有的格式都被会声会影所兼容。如果遇到素材不可导入的情况，应考虑使用诸如格式工厂的转换软件，将文件转换为软件所支持的格式。

2. 管理素材

添加文件夹。如果导入的素材较多，堆放在同一文件夹下，查找费时费力，导致编辑工作效率低下，则有必要对素材进行有效管理。单击素材库面板中的"添加"按钮，添加文件夹，并对文件夹命名，然后将素材拖动到文件夹中，归整文件。

以不同形式呈现素材。使用媒体素材库面板上边的"显示/隐藏"开关，可以显示/隐藏图片、视频、音频等不同类型的素材。还可以根据个人喜好，选择列表视图、缩略图视图、按名称排序等不同的方式显示素材库中的文件。

删除素材。在素材库中选择不需要的素材，按"Del"键删除。需要说明的是：素材库的缩略图只是一个链接，而不是素材本身，因此，删除素材库中的素材引用并不意味着删除原素材文件，而在Windows资源管理器中删除、移动或重命名原素材文件，则会导致项目文件无法链接原素材文件。

添加素材。在节目中添加素材的方法有3种：①从素材库面板中将素材拖动到轨道上。②利用"文件"/"将媒体文件插入到时间轴"菜单命令，直接将素材插入时间轴中。③从资源管理器中将素材拖动到时间轴的轨道上。

预览素材。单击素材库面板中的素材，在预览窗口预览素材内容。用户可根据需要，在导览面板中设置预览窗口呈现节目内容或素材内容。

修整素材。如果需要截取视频、音频或动画等与时间维度有关素材的局部内容，可以在导览面板中修整后，再添加到节目中。操作方法有两种：①拖动导览面板中橙色修整标记，设定利用素材的起点和终点。②在导览面板中将滑轨移动到修整的起点/终点，点击"开始"/"结束"标记。完成修整后，从预览窗口中将素材拖动到轨道上。

3. 设置素材

双击时间轴中的素材，打开素材选项面板（素材类型不同，其选项面板不同，面板中的参数也有所差异），即可设置素材的相关参数。

调整时长。调整素材播放时长的方法有两种：在"照片"或"视频"选项面板的区间输入数值；在时间轴中选中素材，将鼠标放置在素材首尾边沿上，鼠标指针为双向箭头时，左右拖动鼠标，裁剪视频素材首尾的多余部分。

调整色彩。单击"照片"或"视频"选项面板中的"色彩校正"按钮，弹出"色彩校正"子面板。完成设置后，点击右上角的"关闭"按钮即可。

变形素材。在"属性"选项面板中勾选"变形素材"选项，使素材处于变形状态，在预览窗口中显现变形控制点（黄色控制点为缩放控制点，绿色控制点为变形控制点），拖曳控制点，或在变形框内右击鼠标，在快捷菜单中选择素材变形方式，即可变形素材。

4. 添加滤镜

添加滤镜。切换到滤镜素材库面板，将所需的滤镜拖放到时间轴中的视频或图片上。

设置滤镜。在素材的"属性"选项面板中设置滤镜，选择软件预设的滤镜模式。如果尚未达到所需的效果，点击"自定义滤镜"按钮，设置滤镜各项参数。

删除滤镜。在使用滤镜列表中，选择要删除的滤镜效果，点击"删除"按钮。

5. 应用转场

转场就是影视中场景的转换。在场景之间添加转场效果，可以使场景之间的过渡更加自然和生动有趣。

添加转场。切换到转场素材库，将选择的转场效果拖曳到时间轴的两个素材之间。左右拖动播放起始点，预览转场效果。

设置转场。在时间轴中选择转场素材，将鼠标放置在转场素材边沿上，当鼠标指针变为双向箭头时，左右拖动鼠标，可改变转场的时长。在转场素材上双击鼠标，打开"转场"选项面板，对转场进行更具体的设置。

删除转场。在转场素材上点击鼠标右键，选择"删除"命令即可。

6. 利用覆叠轨

覆叠就是在视频轨的画面上叠加另一个画面，主要用于制作画中画和抠像效果。

画中画效果。将图片或视频素材放置在时间轴的覆叠轨上，在预览窗口中调整覆叠素材的位置、变形，鼠标右键快捷菜单可以便捷设置覆叠素材的对齐与变形方式。双击覆叠轨上的素材，打开"属性"选项面板（同一种类型的素材，放置在不同类型轨道上，选项面板也有所差异）。在面板中，设置覆叠素材的对齐和进入/退出的运动方式。

抠像效果。点击覆叠素材"属性"选项面板中的"遮罩和色度键"按钮，打开子面板。勾选"应用覆叠轨选项"复选框，在"类型"下拉列表中选择"色度键"。使用吸色管，点选抠除颜色，设定色彩相似度，预览效果，满意后关闭面板。

剪辑配乐。选择音乐轨道上的配乐，将鼠标放置在素材边沿，当鼠标指针为双向箭头时，左右拖动鼠标，裁剪音频的首尾多余部分。如果需要切除中间多余的部分，可以拖动播放起始点，点击导览面板中的"剪刀"工具，分割素材，选择并删除多余的部分。

设置配乐。双击音乐轨上的配乐素材，打开"音乐和声音"选项面板。在选项卡中设置配乐的音量、淡入/淡出效果、音频滤镜效果。

音量调整。单击工具栏中的"混音器"按钮，切换到音频视图模式。视图中显示了音频波形和音频包络线。在包络线单击鼠标，添加控制点，然后上下左右拖动控制点，调整音频的音量。如需删除视频素材中的音频，右键单击视频轨上的视频素材，选择"分离音频"快捷命令，选择音频，按"Del"键删除。

2. 解说的添加

解说是教学片中传达教学内容的语音信息。制作教学片时，可以先录制解说，再编辑画面；也可以先编辑画面，后录制解说。

确定解说位置。在时间线上点击鼠标，将播放起始点定位到添加，解说的位置。

试音。单击工具栏中的"录制与捕获选项"按钮，在列表中点选"画外音"按钮，弹出"调整音量"对话框。试音并观察录音电平大小，滑动"输入音量"滑块，调整输入音量。点击"录制"按钮，试录5秒音频，测试录音效果。

录制解说。完成设置后，点击"调整音量"对话框中的"开始"按钮，开始播放节目，根据节目画面录制解说。按"Esc"键或空格键停止录制，在声音轨道上显示已录制的声音素材。需要注意的是，录制解说的音频素材默认添加在声音轨道上，因此，录制解说时，声音轨道上录制解说的时间范围不能被其他音频所占用。

降噪。在非专业的录音环境中录制的解说通常有一定的噪声，会影响教学信息的传递。双击音频素材，打开"音乐和声音"选项面板，点击"音频滤镜"按钮，弹出"音频滤镜"对话框。在可用滤镜列表中选择"删除噪音"滤镜，点击"选项"按钮，弹出"删除噪音"对话框，设置阈值，点击"确定"按钮，应用音频滤镜。如果软件自带的降噪滤镜仍未达到预期的效果，可以使用其他音频制作软件对声音进行降噪处理。鼠标右键单击声音轨道上的音频素材，选择"打开文件夹"命令，即可找到素材文件所在位置。

另外，还可以引用样式。从标题素材库面板中选择一种标题样式，拖动到标题轨上，双击标题轨上的素材，双击预览窗口中的字幕，将样式中的文字修改为自己的文字。

第三节 幼儿教育多媒体课件制作要点

一、幻灯片内容的构建

多媒体课件具有多样性、集成性和交互性等性质。在幻灯片中添加和设置文本、图形、图像、音频、视频和动画等不同类型的素材，构建幻灯片的内容，是课件制作的首要任务。

（一）文本

以文字呈现教学内容，省时又省力（但对听众理解课件内容而言，可能是费时又费力），因此文字成为课件中最为常用的教学内容表达形式。幻灯片是讲解的辅助手段，呈现的时间有限，因此对文字的处理应力求简洁精练、重点突出、逻辑清晰。下文从技术的角度，介绍课件制作过程中对文字处理的常用方法。

1. 字体

文本的基本设置主要包括字体、字号、颜色、位置。字体可以分为衬线字体和无衬线字体两大类。衬线字体，如宋体，笔画的开始和结束有一定的修饰，笔画粗细不一，投影时细小的笔画无法显示，会影响学生的阅读。无衬线字体，如黑体，笔画的开始和结束没有额外的修饰，笔画粗细相同，投影效果较好。

（1）添加字体

不同的字体，给人不同的感觉，如宋体的雅致、隶书的古朴、草书的洒脱、黑体的厚重。在制作课件时，教师根据主题和情感表达的需要，选择合适的字体。如果系统没有所需的字体，那么该如何增添新字体呢？

下载字体。在百度上搜索下载字体，或者在字体下载大宝库等资讯网中下载字体。如果遇到不认识的字体，可将图片上传至求字体网，识别并下载字体。

添加字体。将字体文件复制粘贴到"C：\ Windows \ Fonts"文件夹中。

应用字体。重新启动 PowerPoint 软件，选择文本或文本框，在"开始"选项操作，从"字体"功能组的字体列表中选择使用新增的字体。

（2）替换字体

替换整个课件的某种字体。选择"开始"选项卡，"编辑"功能组，"替换"

命令右边的下三角按钮，选择"替换字体"命令，在弹出的"字体替换"对话框中设置替换字体。

将整个课件标题与正文替换为设计的字体搭配。选择"设计"／"变体"／"字体"／"自定义字体"命令，设置中文和英文、标题和正文的字体。

替换课件部分文字字体。点击"视图"／"演示文稿视图"／"大纲视图"按钮，切换到大纲视图，在大纲视图中选择文本（按"Ctrl"键可选择不连续区域的文本），然后在"开始"选项卡中设置文本字体。需要说明的是，大纲视图中只呈现文本占位符中的文本，不显示文本框中的文本。

（3）嵌入字体

制作好的 PPT 课件在其他计算机上播放时，部分文本的字体变成了软件的默认字体，原因是播放幻灯片的计算机缺少课件中使用的字体。处理办法有 3 种：第一，将 PPT 文件图像化，即另存为 PDF 格式，这种方法的缺点是 PPT 课件中的动画无法呈现，文档也不便编辑。第二，将字符或字体嵌入 PPT 演示文稿，这种方法的不足是文件所需内存会变大。第三，在播放的计算机上安装课件使用的所有字体，这种方法方便软件的后续编辑。以下介绍在 PPT 文件中嵌入字体的操作方法。选择"文件"／"选项"菜单命令，打开"PowerPoint 选项"对话框，选择"保存"选项卡，勾选"将字体嵌入文件"复选框。

选择嵌入的方式：

①仅嵌入演示文稿中利用的字符（适用于缩小文件）：只是将这个 PPT 中出现该字体的字符进行了打包，产生的文件较小，在任何计算机上都能正常预览，但不能编辑。

②嵌入所有字符：将这个 PPT 中所涉及的字体完全嵌入，文件非常大，在任何计算机上都能预览和编辑。

2. 项目符号与编号

添加项目符号或者编号，可以使罗列的观点层次更加分明，课件画面更加美观。手动输入项目符号或者编号，操作烦琐，且不便修改，因此建议使用"项目符号和编号"命令。

插入项目符号与编号。选择文本或文本框，单击"开始"／"段落"／"项目符号"命令，添加默认项目符号。选择"开始"／"段落"／"编号"，添加默认编号。单击"项目符号"旁边的三角按钮，选择其他形式的项目符号。

自定义项目符号与编号。点选下拉列表中的"项目符号和编号（N）…"，弹出"项目符号和编号"对话框，调整项目符号的大小与颜色。如果默认的几个符号未能满足用户需要，点击右下角的"自定义"按钮，新增自定义符号，并设置其大小、颜色等属性。

新增图片项目符号。如果简单的符号未能满足用户个性化的需求，可以选择图片作为项目符号。单击对话框中的"图片"按钮，选择图片，设置大小。

（二）图像

人们常说"图文并茂""文不如表，表不如图"，足以说明图形图像在信息表达中的重要作用。图片的内容是关键，图片的清晰度、色彩、与文字搭配的样式也会影响信息的传达和画面的美感。

1. 图片样式的使用

选择图片，点击图片工具"格式"选项卡，在"图片样式"功能组中设置图片样式。可以选择使用预设的样式，快速设置样式效果。如仍未达到预想效果，在"图片边框""图片效果"、"图片版式"等选项中进一步设置，或者在"设置图片格式"窗格中进行更具体的设置。使用样式后，如果图片的清晰度下降，在"格式"／"图片样式"／"图片效果"／"预设"中选择"无预设"选项。

2. 图片背景的删除

多余的背景，会影响图片与背景的融合。删除图片背景，可以制做出图片合成的效果。使用 PowerPoint 删除背景功能，可以快捷实现简单的抠图效果。

选择图片，选择图片工具"格式"／"调整"／"删除背景"命令，软件自动识别图片背景，将其设定为删除区域。如果未能达到理想效果，用户可通过调整控制点，调整背景范围，利用"标记要保留的区域"和"标记要删除的区域"对删除的区域进行微调。在已删除背景上单击鼠标右键，选择"另存为图片"快捷命令，在弹出的对话框中，设置保存的图片类型为 png 格式（支持透明效果的图片格式），以便下次直接调用。

3. 图片的裁剪

在不影响图像信息表达和涉嫌侵权的情况下，利用裁剪功能，可以去除图片中不必要的信息，如水印，还可以使用不同的形状裁剪图片，使画面更富有设计感。

选择裁剪形状。选择图片，在图片工具"格式"／"大小"／"裁剪"／"裁剪为形状"中选择椭圆，在纵横比中选择即可得到圆形的裁剪效果。在裁剪状态下，移动图片，可调整裁剪的偏移量，也可以在"设置图片格式"窗格中对裁剪的偏移量进行调整。

设置图片格式。在图片上右击鼠标，选择"设置图片格式"命令，弹出"设置图片格式"窗格，设置图片大小、边框、投影等效果。

复位图片。如果对裁剪或添加的边框、阴影的效果不满意，需要恢复图片的原始状态，选择"格式"／"调整"／"重设图片"命令。

4. 图片背景的拓展

文字与图像融合，是课件制作常用的设计方法。如果图片没有预留文字空间，可以考虑使用背景相似色彩填充或者拉伸背景的方式拓展图片背景。下面介绍拉伸背景的操作方法。

①复制图像。在PPT中插入图片，调整图片大小，并放置在合适的位置。复制图片，将复制图片与原图对齐重叠。

②裁剪背景。裁剪上一图层右边的图像部分，只留左边颜色单一的背景。

③伸拉背景。拖动左边的变形控制点，伸拉裁剪部分的图像。由于没有具体图像，伸拉的部分与原图可以很好地融合。

（三）图形

1. 常用图形的绘制

课件中所需的图形我们一般从网络上下载，但有些简单的图形可以使用PPT自主绘制，使图形更符合自己个性化的需求。下面以按钮、标题背景、项目符号等常用的简单图形为例，介绍图形绘制与设置的操作方法。

圆形按钮的绘制。选择椭圆绘制工具，按"Shift"键，绘制圆形A。再绘制一个比圆形A略小的圆形B，对齐叠放在圆形A的上方。在"设置形状格式"窗格中，设置两个圆形为渐变色填充，渐变方向相反。添加和设置阴影效果，即可绘制出具有立体效果的圆形按钮。

泪滴形项目符号的绘制。插入泪滴形状和圆形，对齐叠放，调整旋转角度，设置阴影效果，添加文本，即可制作出一个别致的项目符号。

标题背景的绘制。使用三角形剪除矩形，制作花边效果，绘制矩形幅面，调整幅面和花边的层次与位置，在两者交叉的空余处绘制三角形，制作幅面翻折效果，组合花边与翻折，复制并水平翻转，制作另一侧花边，即可制做出带花边的横幅效果。

2. 简单图形的绘制

使用合并形状、排列、组合等功能即可快捷绘制简单的图形，为课件增添个性化的图形素材。

下面通过几个小案例，介绍 PPT 图形绘制的基本方法。

（1）杯子的绘制

绘制杯体。在插入形状中选择"同侧圆角矩形"，在幻灯片中绘制形状，调整其圆角角度，垂直翻转图形，使杯口朝上。

绘制杯柄。在形状中选择"同心圆"，调整位置和大小。

合成杯子。框选杯体和杯柄，点选绘图工具"格式"/"插入形状"/"合并形状"/"联合"命令，使两个形状形成一个整体。

存储图形。在图形上单击鼠标右键，选择"另存为图片"命令，保存类型设置为 wmf 矢量图格式，以供在其他课件中利用。

（2）耳机的绘制

听筒的绘制。插入圆形，在左右两侧分别插入矩形，先选择圆形，按"Ctrl"键，增选两侧矩形，选择"格式"/"插入形状"/"合并形状"/"剪除"命令，使用两侧的矩形剪除圆形，完成一侧听筒的绘制。复制、粘贴、翻转，得到另一侧听筒。

绘制支架。绘制圆环，使用矩形剪除圆环的另一半，完成支架的绘制。

合并形状。对齐听筒和支架，使用"合并形状"/"联合"，使听筒和支架合并为一个图形。

（3）车轮的绘制

绘制两条对齐的水平线。按"Shift"键，绘制一条水平直线。按"Ctrl"键，拖动复制出另一条直线，并使两条对齐，按"Ctrl + G"组合键将两条直线组合。

复制并旋转平行线组合。按"Ctrl"键拖动复制一个平行线的组合，并旋转 90°，上下左右与原组合对齐，使两个组合形成十字正相交形状。选择两个组合，按"Ctrl + G"组合键，将两个平行线组合为一个十字形组合。

复制并旋转十字形组合。按"Ctrl"键拖动复制两个十字形组合，分别旋转 30°和 60°，选择 3 个组合，使它们横向和纵向都对齐，再次组合，使 3 个十字形组合合并为一个组合。

绘制车胎。绘制圆环，调整圆环的宽度，使圆环与辐条对齐，完成车轮的绘制。

(4) 绘制花朵

绘制花瓣。在幻灯片中绘制椭圆，在设置形状格式窗格中，设置形状为无线条，填充色为渐变，并设置渐变的颜色。

排列花瓣。复制出5个花瓣，选择所有花瓣，使用美化大师，使所有花瓣圆弧排序。

绘制花茎。利用插入形状中的曲线，在幻灯片中绘制花茎。在曲线上右击鼠标，选择"编辑顶点"命令，可以对线条进行调整。

绘制叶子。插入平行四边形，进入"编辑顶点"模式，在编辑点上右击鼠标，选择"平滑顶点"，将角部顶点转换为平滑顶点。

(四) 音频

1. 插入音频

方法一：在资源管理器中查找到要插入的音频素材，用鼠标拖曳到幻灯片中。

方法二：选择"插入"／"媒体"／"音频"／"PC上的音频"命令，将音频素材插入幻灯片中。

方法三：选择"插入"／"媒体"／"音频"／"录制音频"选项，从话筒中录制音频。

2. 设置音频

选择幻灯片中的音频图标，在音频工具"格式"选项卡中设置音频图标的外观。选择音频工具"播放"选项卡，调整音频文件的音量及播放方式：使用"音频剪辑"功能裁剪音频首尾多余的部分；使用"音频样式"功能组中的"在后台播放"样式，将音频文件快捷设置为幻灯片的背景音乐。

(五) 视频

1. 插入视频

插入视频文件的方法与插入音频文件的方法类似。可以将视频文件从资源管理器窗口中拖动到幻灯片中，也可以利用"插入"／"媒体"／"视频"的方式插入视频文件。还可以利用"插入"／"媒体"／"录制屏幕"的功能，录制屏幕视频，并将录制的视频插入幻灯片中。

2. 设置视频

在视频工具"格式"选项卡中，设置视频画面的颜色、样式等外观。在视频工具"播放"选项卡中控制视频文件的播放，常用视频播放控制如下。

剪裁视频。选择视频工具"播放"/"编辑"/"裁剪视频"命令，弹出"裁剪视频"对话框，拖到开始标记和结束标记，裁剪视频素材首尾多余的部分。

添加书签。教师在备课时，给课件中的视频添加书签，节省在课堂教学时搜索视频播放点的时间。在播放控制栏上拖动鼠标，定位到所需播放点，点击视频工具"播放"/"书签"/"添加书签"命令。

全屏播放。勾选视频工具"播放"/"视频选项"/"全屏播放"选项，播放幻灯片时，点击播放视频，可使视频全屏播放，便于学生观看学习。

（六）动画

在课件中使用的动画素材主要有 gif 和 swf 两种格式，其中 gif 是图片格式的动画，设置的方法与图片相同，不再赘述。swf 是 Flash 播放文件，插入幻灯片的操作方法如下。

1. 打开"开发工具"选项卡

在选项卡的空白处单击鼠标右键，选择"自定义功能区"命令，弹出"PowerPoint 选项"对话框，找到"开发工具"选项，点击"添加"按钮，点击"确定"按钮，在功能区中显示"开发工具"选项卡。

2. 插入控件

点击"开发工具"/"控件"/"其他控件"选项，弹出"其他控件"对话框，选择"Shockwave Flash Object"控件，点击"确定"按钮，返回幻灯片，鼠标指针变成十字形，拖动鼠标，绘制出动画控件。

3. 设置控件属性。

在控件上单击鼠标右键，选择"属性"命令弹出"属性"对话框。选择"Movie"属性，输入动画文件的路径、文件名及扩展名（注意扩展名不能省略），关闭"属性"对话框。放映当前幻灯片，预览插入的 swf 动画。

二、课件动画的制作

（一）动画的类型

幻灯片的动画可分为两大类：幻灯片页面之间的切换动画，也称为"片间动画"；幻灯片对象的自定义动画，也称为"片内动画"。

1. 切换动画

PowerPoint 提供了 3 类幻灯片切换方案。

细微型：幻灯片切换细小、简单。

华丽型：画面切换复杂、生动。

动态内容：主要针对幻灯片中的内容进行切换。

2. 自定义动画

自定义动画分为 4 类。

进入：用于设置对象出现在幻灯片时的动画效果，即对象入场的动画方案。

强调：用于设置已出现在幻灯片中的对象的动画效果，即对对象有强调作用的动画方案。

退出：用于设置对象从幻灯片中消失时的动画效果，即对象退出场景的动画方案。

动作路径：设置对象沿指定路径移动的动画效果，即给对象一个固定的行走路线的动画方案。

（二）动画的添加与设置

选择对象，在"动画"选项中添加并设置自定义动画效果，如需更具体的设置，可以打开动画效果选项对话框。"动画窗格"中的时间轴直观地显示动画持续时长、先后顺序等效果，更便于用户的设置与调整。下面通过具体案例，介绍对象自定义动画的添加和设置的操作方法。

1. 倒计时的制作

本案例的技术要点：给一个对象添加多个动画，设置动画倒计时。

（1）为同一对象添加多个动画

插入文本框，输入阿拉伯数字"5"，设置字体、字号。在"动画"/"动画"/"进入"列表中选择"缩放"动画，在"动画"/"高级动画"/"添加动画"/"退出"列表中选择"淡出"动画，为文本框对象添加了进入和退出两种动画效果。

（2）设置动画时间

点击"高级动画"功能组中的"动画窗格"按钮，打开"动画窗格"。按

"Shift"键同时选择窗格中的进入和退出动画,在"计时"功能组中,设置"开始"为"上一项动画之后","持续时间"为 0.3 秒。单击选择退出动画,在"计时"功能组中,设置退出动画"延迟"时间为 0.4 秒。在动画窗格的时间轴上,可见文本框的动画依次是:进入(0.3 秒)、停留(0.4 秒)、退出(0.3 秒)。

(3) 复制出其他对象

复制文本框(其动画设置也被复制),将文本框的内容修改为相应的阿拉伯数字,并在动画窗格的时间轴中查看数字出现的顺序是否正确,如需调整,同时选择进入和退出,将其拖动到合适的位置。选择所有文本框,纵向横向对齐。点击窗格中的"全部播放"按钮,预览动画效果。

2. 动态时钟的制作

本案例的技术要点:调整动画的中心,设置重复动画。

(1) 绘制时钟。

绘制钟面。选择椭圆工具,按"Shift"键绘制外圆,渐变填充。绘制内圆,渐变填充,渐变方向与外圆相反。绘制内侧覆盖圆,纯色填充。使 3 个圆形对齐,按"Ctrl + G"组合键,形成钟面。

绘制刻度。绘制水平线,复制、旋转、对齐、组合,形成正十字形。复制、旋转、对齐、组合,形成辐射形。绘制覆盖正圆,与辐射线对齐、组合,形成时钟刻度图形效果。

合成时钟。对齐钟面和刻度,组合成钟盘。

(2) 添加动画

绘制时针,复制时针,使复制图与原图首尾相连,并组合(此步骤的目的是调整陀螺旋的旋转中心)。选择组合中的复制图形,设置其填充色与线条色为无,使复制图透明。选择时针组合,在"动画"/"动画"/"强调"中选择"陀螺旋"动画。

(3) 设置计时

在"动画窗格"中鼠标右键单击陀螺旋动画,选择"计时"命令,弹出"陀螺旋"选项对话框,在"期间"中输入"60",即设置动画持续时间为 1 分钟。"重复"选项设置为"直到下一次单击",使指针连续旋转。用同样的方法制作分针,设置"开始"选项为与上一动画同时,动画持续时间为 1 秒。放映幻灯片,预览动画效果。

将对象与另一透明对象组合，调整对象缩放或旋转中心是常用的动画制作技巧之一。

三、课件交互的实现

多媒体技术的关键特征在于信息载体的多样性、集成性和交互性。制作交互课件的主要方法有动作按钮、超链接、触发器、ActiveX 控件、VBA。

超链接：可以实现课件中幻灯片之间的跳转，也可以实现演示文稿与其他文件或者 Internet 地址之间的链接。

触发器：可以实现单击幻灯片中的某个对象，如：图片、图形、按钮、文本框，触发一个操作，该操作可能是声音、视频或动画。

VBA（Visual Basic for Applications）是 Visual Basic 的一种宏语言，主要用来扩展 Windows 的应用程序功能，特别是 Microsoft Office 软件。

（一）超链接与动作功能实现交互

1. 超链接

插入超链接。选择链接源，链接源可以是图片、图形、按钮、文本、文本框等幻灯片中的对象。在对象上单击鼠标右键，选择"超链接"命令，弹出"插入超链接"对话框。

设置超链接。在"插入超链接"对话框中设置链接目标，可以链接到本文中的其他幻灯片，也可以链接到其他的外部文件或 Internet 网页。如果需要重新设置链接，在链接源上单击鼠标右键，选择"编辑超链接"命令。删除链接。在链接源上单击鼠标右键，选择"取消超链接"命令即可。

需要注意：如果链接源是文本，插入超链接后，文本颜色会发生变化且自动添加下划线，可能会影响课件的美观。因此，为避免这种情况的发生，建议选择文本框作为链接源。

2. 动作功能

动作功能与超级链接功能类似，但可以设置更多的选项，如鼠标点击和移过时的播放声音、突出显示等效果。选择幻灯片中的对象（可以是已插入超链接的对象），在功能区中点击"插入"/"链接"/"动作"按钮，设置动作功能即可。

（二）触发器实现交互

使用触发器，可以控制幻灯片中音频、视频或者动画的播放。

制作的思路：先设置给对象添加动画，再设置动画的触发器。下面通过两个案例说明触发器动画的制作方法。

1. 灯泡开关的制作

技术要点：以其他对象为触发器，控制对象的不同动画。

（1）添加元素

在功能区中，单击"美化大师"/"在线素材"/"形状"按钮，查找"灯"的素材，插入幻灯片中。在灯泡上绘制椭圆，并设置椭圆的填充色为径向渐变，边缘的透明度为100%，模拟灯光光照由强变弱的效果。插入两个图形，并分别制作"开"和"关"按钮。

（2）添加对象动画

选择光照椭圆，添加"出现"和"消失"的进入和退出动画。

（3）设置触发器

添加触发器的方法有两种：方法一，在功能区中，选择"动画"/"高级动画"/"触发"，选择触发器。方法二，在"动画窗格"中鼠标右键单击动画，选择"计时"命令，打开"效果选项"对话框，在触发器选项组中选择触发器。触发器列表中显示当前幻灯片中所有的对象，如果无法确认触发器的选择是否正确，选择"开始"/"编辑"/"选择"/"选择窗格"，打开"选择"窗格，点击右边的显示和隐藏开关，识别选择对象。放映幻灯片，预览触发器动画效果。

2. 交互算盘的制作

本案例的技术要点：以对象本身为触发器，控制对象的多个动画。

（1）绘制对象

使用矩形图形绘制算盘的梁和档，使用圆角矩形绘制一个样本算珠（先制作单个样本，再复制出其他对象，可避免重复设置对象动画）。

（2）添加动画

给算珠添加两个直线路径动画，在"动画"/"动画"/"效果选项"中分别设置"向上"和"向下"运动。将鼠标放置在运动路径上，当鼠标指针变成双向十字箭头时，拖动路径，使两条运动路径首尾对齐，方向相反。

（3）设置触发器

将算珠"向上"和"向下"动画的触发器都设置为算珠自身，即点击算珠时，算珠先向上运动，再次点击算珠时，算珠向下滑动。

（4）复制算珠

检查样例算珠的触发器动画设置无误后，选择样例算珠图形，按"Ctrl"键拖动复制下一个算珠，然后按"F4"键重复复制操作，复制同一档上的其他算珠。用同样的方法制作同一档上的算珠。框选已经制作好的样例档，按"Ctrl"键拖动复制下一档，然后按"F4"键复制其他档。

放映幻灯片，预览触发器动画效果。

四、课件版式的设计

（一）模板的应用

PPT模板为用户提供了精美的画面布局、合理的色彩搭配、清晰的逻辑框架，甚至炫酷的动画效果，用户在搭建好的框架内添加内容、修订文字、替换图片等简单的修改，可以快速制做出美观、清晰、动人的PPT，极大地提高了课件制作效率。

1. 文本的输入

打开幻灯片模板，选择幻灯片中需要修改的文字，直接输入自己的文本信息。如果文本被其他对象遮挡，无法显示或选择，在"选择窗格"中点击隐藏按钮，隐藏遮盖的对象，输入文本内容。如果发现文本字体变成默认的字体，是因为电脑上没有模板所应用的字体，下载并安装相应字体即可。

2. 图片的更换

右键单击要修改的图片，选择"更换图片"快捷命令，在弹出的对话框中选择所需的图片，替换模板中的图片。

3. 背景的修改

单击"视图"/"母版视图"/"幻灯片视图"选项，切换到母版视图。选择要修改的母版或版式，如果母版是以插入的图片为背景的，在图片上单击鼠标右键，使用"更换图片"快捷命令，替换背景图片。如果母版是以图片填充的方式为背景的，则在工作区空白处单击鼠标右键，选择"设置背景格式"命令，打开"设置背景格式"窗格，在窗格中更改幻灯片背景。

4. 动画的修改

母版可分为静态母版和动态母版两种。动态母版可能同时有"片间动画"和

"片内动画"两种动画，母版作者为展示幻灯片的切换效果，通常设置自动换片，因此在使用动态母版时，要注意去除自动换片动画。

切换动画的去除。在"切换"选项卡，"计时"功能组中，取消"设置自动换片时间"选项，去除自动换片。点击"全部应用"命令，可以去除所有幻灯片的自动换片。

自定义动画的更改。选择"动画"/"高级动画"/"动画窗格"命令，打开"动画窗格"，删除或修改幻灯片中对象的自动动画。利用美化大师可批量删除当前幻灯片、所选幻灯片或所有幻灯片中所有自定义动画。

（二）版式的设计

幻灯片母版，是存储有关应用的设计模板信息的幻灯片，包括字形、占位符大小或位置、背景设计和配色方案。幻灯片母版用于设置幻灯片的样式，可供用户设定各种标题文字、背景、属性，只需更改一项内容就可更改所有幻灯片的设计。使用幻灯片母版可以使幻灯片的风格一致、内容统一，同时也便于后续修订。

版式与母版的关系。版式指的是幻灯片内容在幻灯片上的排列方式，即页面的排版布局。母版有多个下属的版式，默认的情况下，1个母版有11个版式，可以说母版是版式的集合。对母版的修改会影响所有的下属版式，从而影响演示文稿所有的幻灯片。对版式的修改则不会影响母版，只是影响应用该版式的幻灯片。

编辑母版。在功能区中选择"视图"/"母版视图"/"幻灯片母版"，进入母版视图。选择幻灯片母版，即可进行背景设置、Logo添加、字体设置、项目符号与编号设定、新母版和版式添加、修改与删除等操作。

修改版式。选择需要修改的版式，插入占位符文本、图片占位符，调整文本、图表在幻灯片中的版式布局。

应用版式。关闭幻灯片母版视图，返回普通视图。按回车键，插入新幻灯片，在幻灯片的缩略图上或者幻灯片的空白处，单击鼠标右键，点选"版式"快捷命令，选择所需的版式。

保存母版。点击"文件"/"保存"，弹出"另存为"对话框，保存类型设置为"PowerPoint模板"。

应用母版。①母版应用于新建演示文稿。新建演示文稿，选择"自定义"，找到自己新建的PowerPoint母版文件，点击"创建"按钮，利用母版创建新的演示文稿。②母版应用于已有演示文稿。打开演示文稿，在"设计"选项卡、"主题"功能组中,点击右边的下拉三角形,点击"浏览主题"命令,选择自主制作的母版。选择幻灯片,应用母版中的不同版式。

五、美术设计

幼儿教育多媒体课件类型多种多样,有视频课件、幼儿数字故事课件、Flash动画课件、幼儿学习网站、PPT课件、电子杂志,随着技术的发展,近年来还出现了VR/AR/MR课件、虚拟课件,新技术新手段大大激发了学龄前儿童的好奇心,带给儿童全新的科学体验。

在幼儿教育资源的开发中,根据教学目标制定教学策略,综合运用多种制作工具集成多种媒介为一体,实现幼儿教育交流功能的课件,就是幼儿教育的多媒体课件。

幼儿教育多媒体课件具有教育性、艺术性、技术性、限制性、交互性等特征。

(一)幼儿教育课件多媒体美术设计要点

1. 界面设计应符合学科的审美特点,要引导儿童形成健康的审美观

幼儿教育的多媒体美术设计的特殊性就在于课件本身的形式美,就是对儿童进行审美教育,对学前儿童的审美感知、审美想象、审美情感三种心理因素有着重要的艺术熏陶作用。幼儿视觉审美上往往喜好具有童趣性、纯真性、艺术性、独特性的视觉构成形式,因此在进行美术设计时,教师要设计出符合幼儿认知特点、符合幼儿审美价值的界面,为学前儿童提供高雅、优美、可互动的多元化视觉之美,促进幼儿形成高雅的审美情趣,提高幼儿创造美的潜力。

2. 多媒体课件的界面尺寸有一定的限制性,设计要符合其规范性

第一,屏幕分辨率有 800×600、1024×768、640×480、1280×960、1600×1200 几种规格。第二,色彩模式有 RGB、Index Color、Lab、Cmyk 几种,用户常选用 RGB 真彩色于屏幕显示。第三,多媒体美术设计中对分辨率有一定要求,分辨率以 dpi 表示,学习内容仅仅用于计算机呈现并不用于印刷,分辨率不必设置太高。

3. 界面设计要符合基本的审美规律,主要表现为一致性与和谐性

(1)版式/风格的一致性

多媒体课件的版式设计是指基于电子屏幕显示尺寸的课件界面的排列形式,主要包括构成元素与构成形式。构成元素为点、线、面、色彩。

构成形式有变化与统一、对比与调和、对称与均衡、节奏与韵律、条理与反复、虚实与留白。单个的版式设计往往需要传达图形图像、文字、声音等多种元素，画面包含的信息量大。而多媒体课件的版式设计是由多个版面集成的，因此往往用母版的形式达到版式一致性的视觉效果。母版的设计原则是简洁，以方便每一个版面不同数量、不同内容的呈现。

（2）色彩的和谐性

色彩对人的心理影响具有直接的识别性，由于在长期生活中聚集了共同的经验体验感，因此对人们而言色彩具有强烈的象征性。比如黄色、橙色往往让人联想到秋天，象征着丰收、富足；绿色往往让人联想到春天，象征着生长、青春、生命；白色往往让人联想到纯白的花朵、白雪，象征着纯洁……色彩的和谐设计常用的方式是色调统一、邻近色和谐、类似色和谐、对比色对比与统一、色相对比与统一、消色和谐，等等。

（3）导航动作、动画切换的和谐性

多媒体课件界面的动作、动画方式不宜太多花哨，风格要一致。以 PPT 为例，其自带的动画方式提供了 50 种进入、退出、强调方式，提供了 60 种动作路径。在设计导航动作切换、选择动画进出的时候，要保持整体性、一致性、近似性的原则，不宜使用过多种类的动画切换方式，以免喧宾夺主分散学习者的注意力。

（4）音画的和谐性

音频素材主要是指配音、音效、背景音乐、歌曲。一个优秀的课件，其视觉元素与听觉元素的风格应统一在相同的情境中，给人以视觉美、听觉美的整体感受与享受。学前儿童对色彩、形态、节奏、律动的感知和认知都处于敏感期，设计有趣、健康的画面，配以和谐的音效，将在视觉上和听觉上增强学前儿童敏锐的艺术识别力。

（5）界面的友好性与易用性

幼儿教育资源的界面设计应符合幼教老师的使用习惯、符合幼儿的认知习惯。首先，主要菜单通常设置在左边或上方，且面积不宜过大。其次，中间区域呈现的是主要的交流信息。再次，课件清晰度要保证使用者与学习者能看清楚，音质要令人愉悦。最后，链接要顺畅，有一定兼容性。

4. 优秀的幼儿教育课件的评价指标

①教学设计：教学目标明确，教学策略得当，有一定的交互性。符合幼儿的学

习特征，能够运用于实际教学中，有推广价值。

②艺术性：界面美观，风格统一，立意新颖，具有想象力和个性表现力，符合幼儿的审美情趣。

③技术性：运行流畅，方便合理，新技术运用有效。

④友好性：符合用户习惯，使用方便友好。

（二）PPT界面的美术设计

PPT，易学易用易修改、交互性强、包容性强，可插入音频、视频、图像、Flash动画、3D模型等多种类型的文件，因此成为最广泛使用的制作软件。

PPT课件的界面设计元素主要包括版式、文字、图形图像。

1. PPT的版式设计

①PPT版式设计要尽量做到布局合理、整体统一、简明易读、形式美观。

②界面上的功能区域划分明确，导航设计精简明了。

③色调统一：色彩的基本调子叫色调。色调分为冷色调与暖色调两种，另外还有灰色调，在版式设计中选其一即可。

2. PPT的文字设计

①文本的层级关系设计：标题应醒目明确。正文是重要的内容展示文本，正文字体应清晰可见，常设置成黑色。次要信息不占据中间的主要展示区。

②字体字号设计：不同层级关系的文本，其字号字体要有所区别，同层级关系为平行关系，可用同种字体、字号。一般而言，每个界面至少包含5种、不多于5种的字体，每个界面至少包含2种字号。

③文本的数量设计：切忌书本搬家，不可直接把PPT做成文字版的"电子教案"。在设置界面的页边距时，可根据平面设计的原理设计，标题与装饰性文字可以不设页边距，正文应设置一定的页边距，否则影响学习愉悦感。要设置合理的行距、字距、页边距。一般而言，建议每页6~9行文字、每行不超过20个字。

3. PPT的图形图像设计

①图形图像素材应选用有代表性、关联性、典型性的图像，选用清晰度高的视觉素材。

②遵循点、线、面构成的基本规律，遵循色彩构成的基本规律。

③兼容性强的图形格式有jpg、png、tif，视频格式有gif、mp4。

④图形、影像处理软件介绍：图片处理软件有 Windows 画图软件、ACDSee、我行我速、美图秀秀、光影魔术手等入门软件，还有 Photoshop、Freehand、CorelDraw、Adobe illustrator 等专业软件。动画软件除了入门级的 PPT、iebook 外，还有专业级的 Flash、3DMAX。建模软件有 C4D、犀牛。带录屏功能的入门级剪辑软件有喀秋莎（Camtasia Studio）、拍大师、KK 录像机。其他能同时处理视频、音频的剪辑软件有会声会影、爱剪辑；还有能实现视频处理、音频处理、特效等多功能的集成软件，如：Adobe After Effects、Vegas Movie Studio，等等。

第四章　教育信息资源新应用

第一节　认知工具（思维导图）的应用

一、简介

概念图也称思维导图，是一种用节点代表概念、连线表示概念间关系的图示方法。它除了用于辅助学生学习的工具外，还是教师和研究人员分析评价学生对知识的理解和构建的方法，也是人们产生想法，设计结构复杂的超媒体、大网站，以及交流复杂想法的手段。

常用于制作概念图的工具包括 Mindmanager、Mindjet、Mindmap、Inspiration、Infomap、Axon Idea Processor、IHMC、Cmap、Activity Map、Visio、Personalbrain、Brainstorm，等等。

对于幼儿来讲，Kidspiration 更加合适。

二、Kidspiration 及其应用

Kidspiration 是 Inspiration 的儿童版本，适合 4~10 岁的孩子进行思维导图设计。它支持 Kidspiration 白板，提供 1400 多个图像的符号库，可以让学生自主在线建立概念图，能帮助开发思维能力；增强学生的阅读以及写作能力；建立数学概念的理解。它还可以把学生制作的视觉效果转换成书面文字。

相对于其他概念图/思维导图工具，Kidspiration 软件的主要特性包括：

第一，界面配色活泼、简洁。

第二，添加了词、图配对功能，帮助儿童培养识字能力。

第三，加入韦恩图，使学生能够分辨类似事物之间的异同点。

第四，学生通过组合式图片、文本及会发音的单词构建结构图，来组织信息或表达他们的想法。

第五，工具条可以拖动到电子白板的最下方，使孩子能够很好地使用白板方便地表达、参与讨论。

第六，低年级的学生可以提高初级的读写能力，高年级的学生可以更好地组织写作素材提升理解或领悟能力。

第七，每个功能键在鼠标经过时可以发出标准的英语发音，具有语音提示、朗读、录制声音等功能，能够集中使用者的注意力，激发学生的学习兴趣。

三、XMind 8 Pro 及其应用

制作思维导图的软件有很多，主要功能与操作方式大同小异。这里以 XMind 8 Pro 为例，介绍思维导图绘制的基本方法。

（一）思维导图内容的构建

1. 新建导图

启动 XMind，点击工作区中的"新建空白图"按钮，新建默认的空白思维导图，或者点击工具栏上的"显示主页"按钮，新建结构图、树状图、时间轴、鱼骨图等不同类型的空白图，还可以利用软件自带的模板新建思维导图。

2. 添加主题

添加分支主题与子主题。选择"中心主题"，按回车键，添加分支主题（中心主题的子主题）。选择分支主题，按"Insert"键插入下级主题（按回车键插入同级其他主题）。

输入主题内容。选择主题，按空格键，输入主题内容，或者双击主题输入主题内容。添加自由主题。如果无法确认新添加的主题从属于哪个主题，可以在工作区的空白处双击鼠标添加自由主题。

3. 调整主题

调整层级关系。选择主题（可以框选多个主题），利用鼠标拖曳到其他主题上，调整层级关系。按"Shift"键，拖曳选择的主题，可使主题变成自由主题。按"Ctrl"键拖曳主题，可复制主题。

调整主题位置。按"Alt"键拖曳主题，将主题移动到工作区的任意位置。

删除主题。选择主题，按"Del"键删除主题。

4. 添加主题信息

利用右侧功能缩略图添加主题信息。选择主题，点击右侧的常用功能缩略图，利用鼠标右键快捷菜单添加主题信息。在主题上单击鼠标右键，选择相应的快捷命令，为主题添加信息，如添加超链接，可以链接到网站、文件或其他主题。

添加联系。选择建立联系的起点主题，点击工具栏上的"联系"按钮，在工作区中将联系终点拖动到相应联系主题，添加关系说明即可。

添加外框。框选主题，点击工具栏上的"外框"按钮，添加外框，表明主题的整体关系。

添加概要。选定副主题，或者框选多个主题，点击工具栏中的"概要"按钮，对导图局部进行概括说明。

(二) 思维导图的美化

用户可以点击主界面右侧"风格"图标，选择应用软件自带的风格（相当于格式集合），当然也可以在"格式"窗格中自主设置画布、主题、外框、联系、图标等元素的格式。

1. 设置画布格式

设置墙纸。在画布的空白处单击鼠标右键，选择"格式"命令，显示"画布格式"窗格。在"墙纸"选项组中，点击"选择墙纸"选项，选择所需的墙纸。拖动不透明设置滑块，设置墙纸不透明度。

设置线条渐细。在"高级"选项组中，勾选"线条渐细"选项。

设置彩虹色。在"彩虹色"选项组中，勾选"多样分支颜色"，选择颜色样式。

2. 设置主题格式

选择主题，点击主界面右侧的"格式"图标，打开"主题格式"窗格。在窗格中设置主题的字体、字号、外形、边框、线条、编号等属性。

(三) 思维导图的演示

1. 逐级展示

教师可以在课堂上绘制思维导图，也可以在课前预先制作好思维导图，保存扩展名为.xmind的文件。课堂开始前，利用相同版本或更高版本的 XMind 软件打开该文件。在中心主题或画布空白处右击鼠标，选择"全部收缩"命令，隐藏所有子主题。随着教学活动的推进，教师点击主题后面的"展开"按钮，依次显示子主题，引导学生逐步加深对主题的认识。另外，为了方便学生清楚观看思维导图，可在按"Ctrl"键的同时，滚动鼠标中键，改变思维导图的显示比例。

2. 演示文稿展示

如果需要以幻灯片的形式展示思维导图，点击工具栏中的"演示"按钮，在下拉列表中选择"创建演示文稿"命令，进入幻灯片制作模式（幻灯片有制作模式、预览模式和播放模式3种视图模式）。选择不同层次主题或外框，点击"添加幻灯片"按钮，添加幻灯片，在界面左侧边显示幻灯片缩略图。点击缩略图，进入幻灯片预览模式，阅览幻灯片效果。拖动幻灯片缩略图，调整幻灯片的先后顺序。按"Del"键，可删除幻灯片。按"Esc"键退出幻灯片预览模式，回到幻灯片制作模式，继续添加幻灯片。点击"播放"按钮，进入幻灯片播放模式，全屏放映创建的幻灯片。按"Esc"退出幻灯片播放模式，退回幻灯片制作模式。点击"退出"按钮，退出幻灯片制作模式，回到思维导图制作界面。需要注意的是，这里的演示文稿并非 PowerPoint 或者 WPS 所能放映的演示文稿，而是利用 XMind 展示的思维导图不同主题或模块的幻灯片。

3. 选择展示局部内容

在教学中，如果一堂课往往只针对课程中的某个章节，或者一个知识点进行深入的分析和讲解，那么教师可以在课程思维导图中选定当前课堂的教学主题，在右键快捷菜单中选择"下钻"命令，以该主题为中心主题，集中展示局部思维导图。点击中心主题上"上钻"按钮，或者点击标题下方的上钻级别，上钻至相应中心主题的思维导图。

（四）思维导图的导出

制作好的思维导图，可以导出 FreeMind 和 Mindjet Mindmanger 等其他思维导图文件，也可以根据需要导出 PPT 演示文稿、Word 文档、Excel 表格、JPG 图片、PDF 文档等多种文件格式（免费版导出功能受限）。点击工具栏中"导出"按钮，在下拉菜单中选择导出文件类型，按照向导，设置导出内容和保存文件路径，点击"完成"按钮，开始导出思维导图。

（五）概念图/思维导图的应用

第一，辅助教学设计。教师利用概念图归纳整理自己的教学设计思路。

第二，辅助学生整理知识概念。概念图清晰地展现了概念间的关系，可以帮助学生厘清新旧知识的关系。

第三，辅助学生进行思考活动。在讨论中，学生可以将观点用概念图表达出来，以引导和激发讨论。

第四，辅助学生整理加工信息。在收集和整理资料的过程中，可使用概念图将多个零散的知识点集合在一起，帮助学生从纷繁的信息中找到相关联系。

第五，作为师生表达的工具。在教学过程中，教师可以利用概念图展示教学内容，学生可以利用概念图来分析复杂知识的结构。

第六，作为学习活动的交流工具。师生之间、生生之间可以使用概念图来进行交流，利用概念图软件，可以远程共同设计和交流概念图，促进学习者之间的相互理解。

第七，作为协作学习的工具。通过学生共同合作制作概念图，或者教师和学生共同合作来完成概念图，有助于协作小组成员之间共同发展认知和解决问题。

第八，作为辅助师生在教学活动中进行反思的工具。师生通过概念图的制作、修改、反思和再设计的往复循环，可以不断完善概念图，学会反思自己的学习过程，从而学会自我导向学习。

第九，作为教学评价工具，适用于教学活动的不同阶段的教学评价。例如：教师通过观察学生设计概念图的构图过程，了解其学习进展和内心思维活动的情况，以便给出诊断，改进教学，这样，概念图就是形成性评价的有效工具。同样，概念图也可以作为总结性评价的工具，它与传统的试题测试相比优点在于概念图为教师和学生提供的考试结果，已经不仅仅是一个抽象的分数，而且是学生头脑中关于知识结构的图示再现。教师和学生可以清晰地了解学生学习的状况，从而有效地帮助学生认识自我。

第十，作为辅助教学科研的工具。教师作为教育科研的行动者，可以利用概念图分析科研对象的各个要素、研究教学活动规律、总结教育科研的基本经验。

第二节　Web 2.0 工具的应用

一、博客与微博

博客（blog）也称为"网志""网上日志"，是指个人或团体将每天的事件、意见和信息等发布到 web 上的一种流水记录形式，即在线日记。其作为一种快捷易用的知识管理系统，越来越受到教育工作者的关注并逐步被引入到教育教学领域中，因此教育博客是博客在教育教学中加以应用的表现形式。根据主要参与者的身份，教育博客划分为 3 类——学生为主的博客、教师为主的博客、师生共同参与的博客。

微博，是一个基于用户关系的信息分享、传播以及获取的平台，用户可以通过各种客户端组建个人社区，以 140 字左右的文字更新信息，并实现即时分享。微博具有信息传播泛主体化、信息处理碎片化、信息交互背对脸、平台使用开放化等特点。

由于幼儿教育的特点，博客在幼儿教育中并不能发挥其优势，因此，博客的作用主要体现在教师成长上。

教育博客、微博对教师成长方面的作用有：

第一，促进学习。写 blog 可以促进教师对某些领域的不断学习和思考。

第二，记录收获。可以记录瞬间的灵感，对事物的感悟，经过多日思考和实践的结果以及对某个问题的解决方案。

第三，共享知识。通过 blog 可以使教师之间实现知识共享，建立学习共同体。

第四，交流看法。在 blog 上可以发表各自观点想法，相互交流。

第五，反映成长。写 blog 可以反映出人的思考过程，不仅记录了思考结果，还记录了一个人思考和解决问题的过程。

第六，锻炼毅力。写 blog 不是一天两天的事情，需要长期坚持，需要耐心和毅力。

第七，家校互动。组建信息共享、微博家委会平台，促进家校互动。

二、微信

微信是提供免费即时通信服务的聊天软件。用户可以通过手机、平板电脑、网页快速发送语音、视频、图片和文字。微信提供公众平台、朋友圈、消息推送等功能。

微信具有零资费、跨平台沟通、显示实时输入状态等功能，与传统的短信沟通方式相比，更灵活、更智能，且节省资费。支持二维码扫描，可以随时随地扫描和记录二维码信息。支持邮箱绑定，通过用户设置微信绑定邮箱，可以利用微信实现在移动平台处理邮件。支持朋友圈功能，用户可以根据自己的需要建立朋友圈或者加入需要的朋友圈。支持推送功能，任何用户都可以通过微信公共平台创建自己的公众账号，而且名字可以重复。通过公众账号，可以方便地实现信息发布、共享、推送等功能。

微信作为一个网络资源的传播者，其在学习中的作用类似于"中介公司"。虽然它无法对学习资源本身进行改善和优化，但是它通过良好的使用体验、庞大的用户群体、方便的传播平台，为学习者提供了更多的学习选择和更加丰富的交流方法。

微信用于教育教学的优势有：

第一，登录方便，可以直接用手机号码、QQ号、微信号申请账号，并支持手机、平板电脑、PC等登录设备。

第二，提供了一个较为广阔的应用平台，一旦有用户将相应的教育资源上传或共享至微信平台，所有用户都可以使用教育资源进行移动学习。

第三，可以对用户设置分组，并发布有声有图有文字的多媒体资讯信息。老师可以针对某个学生和某类学生进行有针对性的教学，增强教学的针对性。

第四，可以主动进行消息的精准推送，并可以在后台对用户进行跟踪，查看用户对推送消息的浏览情况。后台对用户进行跟踪保证了教学的时效性，使学生在遇到问题后能及时得到解答，从而提高教学的时效性。

第五，微信公众号可以及时推送信息，发布学校信息、学生学习情况，帮助家长了解学校的活动以及学生在学校的学习情况，也可以对家长进行培训、教育，提高素质。

第三节　新兴技术的应用

一、增强现实技术的应用

增强现实技术（Augmented Reality，AR），是一种将真实世界信息和虚拟世界信息"无缝"集成的技术，用计算机实时产生三维信息来增强人对真实世界的感知。AR技术将虚拟对象准确地"放置"在真实环境中，让使用者处于一种融合环境中，使用者所感知到的只是一个真实和虚拟相融合的唯一存在的世界，并能与之交互。AR 技术的实现需要一定的设备的支持，常见的是通过头戴式设备实现的，当然也可以通过移动终端，甚至普通的手机也可以实现一些基本的 AR 功能。

AR 技术主要有 3 个特点：虚实融合、实时交互性、三维跟踪（三维空间中定位增添虚拟物体）。

（一）AR 在教育领域的应用特点

第一，AR 技术能够将虚拟信息叠加到现实世界中的特性，可以使教学中原本枯燥的知识变成一个个生动的形象，从表现形式上吸引小朋友参与到教学中，提升对事物的兴趣，从而以互动的方式探查、研究更深层次的内容。

第二，融入增强现实技术后，以图片、视频、动画等多种方式表现教学内容，更直观、更易懂。像特殊地理地貌、历史人物事件、不容易接触到的事物都可以通过 AR 技术展现在学生面前。

第三，增强现实技术特有的互动体验，让小朋友用眼看、用耳听、动手做、用脑想，真正实现多元化教育。

（二）AR 在教育领域的应用形式

1. AR 卡牌

AR 卡牌是最简单的一种应用形式。就是通过先进的 AR 技术让平面图片或卡牌"立体动起来"。用户只需要下载相应的专用软件，使用移动设备扫描 AR 卡牌，即可出现角色的立体图像。

扫描的对象是一张张单一的卡牌，每张卡牌对应一个三维模型以及相应的模型动画。安装 APP 并打开后，在主界面可以选择观看动画，进入浏览模式和 AR 模式，在浏览模式中你可以逐一浏览所有模型，并可对其进行旋转与缩放等操作，在 AR 模式下将移动设备对准卡牌即可出现逼真的动物模型、动画与声音，点击还可以更换动画。

此类型的应用简单直接，非常适合早教。通过这些卡牌儿童可以对动物的立体的形象有一个认识，同时这些活灵活现的动物对他们来说非常有趣，能极大地提高他们学习与探索的热情与能力。当然，卡牌不仅有动物，还可以有植物、动画人物等儿童喜欢的内容。

2. AR 书籍

AR 书籍其实就是多张卡牌的一个集合，但其包含的内容多，相互之间的关系密切，有故事有情节，是一部令人身临其境的小说。它还可以包含多种互动小游戏，比如趣味问答、现场挖宝。读书不再是单纯地用眼睛去看文字，而是犹如亲身体验一般，这对孩子产生极大的吸引力。

3. AR 游戏

作为增强现实技术在教育中的重要应用领域，增强现实教育游戏使得学习者能够感受到高度的虚实结合性、实时交互性和沉浸性，在激发学习者极大学习兴趣的同时，通过虚实融合的三维沉浸特性，为教学物体模拟、教学过程体验、教学结果呈现和师生交互提供了更为丰富的体验。

AR 增强现实技术可以用于生活的所有方面，但是最有趣的是用于体感游戏。通过 AR 技术创建接近生活的游戏，如：运动、早教、休闲游戏，提供给玩家们最棒的体验方式。目前，在 PC 端和移动端拥有大量的增强现实游戏，不过玩家都倾向于有控制手柄的游戏设备来增强游戏体验，化身为游戏中的角色，使用物理动作来控制游戏发展。随着 AR 增强现实技术的不断完善，这类游戏将显得更加逼真。

用于手机端的 AR 游戏也越来越受欢迎，如 colAR Mix（3D 填色游戏）是一个把传统填色游戏和前沿 AR 技术结合的儿童娱乐应用，它的操作非常简单：为空白的图案填色，然后用 colAR Mix 扫描后，就能得到这个图案的 3D 立体彩色效果。相比以往涂完作罢的方式，colAR Mix 创造性地为孩子们的画作提供了一个展示的舞台：360°可旋转的 3D 动画，配上美妙的音乐，好像一幅艺术品。

二、教育游戏的应用

从广义上说，教育游戏是指达成一定教育目的的各种游戏，如：捉迷藏、躲猫猫、电视游戏、计算机游戏；从狭义上说，教育游戏是一种构建具有趣味性、挑战性和体验性的多媒体虚拟环境，以促进教育内容与娱乐元素相融合渗透的计算机游戏软件。这里所讨论的教育游戏是狭义的教育游戏。

（一）教育游戏的类型

按游戏支持平台分，可分为单机教育游戏和网络游戏。

按照教育目标分，可分为认知类教育游戏、情感类教育游戏和动作技能类教育游戏。

按照常规的计算机游戏分类方法，可分为角色扮演类游戏、动作游戏、冒险游戏、模拟游戏、运动游戏、策略游戏、古典/益智类游戏、战争游戏。

教育游戏按照教学内容分为健康、科学、社会、语言、艺术五大类。

第一，健康类：培养健康生活的态度和行为习惯，有初步的安全和健康知识，知道关心和保护自己。此类游戏有"神气龟系列之牙齿的健康""卡卡乐园系列之安全岛"，等等。

第二，科学类：激发幼儿的好奇心和探究欲望，发展认知能力。这一类的教育游戏最多，日常生活中常见的数字游戏、记忆观察、自然地理、玩具创作都属于这一类，如："动画数学""欢乐数学园"，等等。

第三，社会类：增强幼儿的自尊、自信，培养幼儿关心、友好的态度和行为，促进幼儿个性健康发展，如常见的"娃娃家"游戏以及"学雷锋""粮食力量"，等等。

第四，语言类：提高幼儿语言交往的积极性，发展语言能力。这一类的教育游戏也很多，如：识字游戏、幼儿英语学习游戏，等等。

第五，艺术类：丰富幼儿的情感，培养初步的感受美、表现美的情趣和能力，如：乐器认知、声响音乐、戏剧表演、动画设计，都属于艺术类教育游戏。

(二) 教育游戏在幼儿教学中的应用优势

教育游戏在幼儿教学中的应用优势主要体现在以下几个方面。

第一，教育游戏不仅丰富了孩子们的早期教育，而且解决了传统教学模式中难以解决的一些问题。在现实生活中，老师和家长会告诉孩子一些注意事项，如不要把手放在开水壶上以防被烫到，不要触摸电源等。这些行为带有危险性，不能让孩子亲身去实验，而利用游戏就可以完成对这些事件的模拟。例如在游戏中让摸电源的小卡通人物表现出痛苦的表情来警示孩子，以后就不会做这样的事情了。另外，利用游戏还可以让孩子学会诸如乘车、垃圾分类等社会行为，并在日常生活中加以运用。

第二，人们通过听觉和视觉获得的信息是获得所有信息的94%，而教育游戏在教学中运用的优势正在这里。相对利用书本、模型、图片等常规教具进行教学的普通教学方式，教育游戏具有无可取代的交互性，并且可以进行个性化教学；同时，在教学环节上，无论是信息呈现、信息反馈、激起反应、控制反应、评价诊断，教育游戏都具有明显的优势。游戏包括动画、文字、图像、声音、色彩等信息，这是再好的书本也无法替代的综合传递信息的优势。因此它既适合幼儿园单科课程的教学，又有利于幼儿园对教学课程的整合。游戏画面带来的视觉冲击，游戏主人公的解说和背景音乐的听觉冲击，多种信息共同产生刺激促进幼儿智力发展，幼儿对在游戏中遇到的问题进行分析思考，尝试用各种方法解决问题，使幼儿以主导者的身份真正控制自己的学习过程，这是传统教学方式所不能实现的。

三、教育类 APP 的应用

目前，教育类 APP 可细分为语言类、幼儿教育类、考试应用类和中小学教育类等。下面主要介绍语言类与幼儿教育类。

（一）语言类

1. 英语流利说

是一款好玩又有效的英语口语学习软件，让你忍不住开口说英语，帮你真正摆脱哑巴英语。地道英语对话，实时语音评分技术，对话闯关游戏让你轻松愉快练习口语。

2. 沪江 CCtalk

是国内专业的互联网社群学习平台，专注于在线教育和创新的互动教学体验，用户可随时随地获得线下互动的学习体验。

3. 英语趣配音

幼儿通过给 1~2 分钟的短视频配音，感受英语学习的趣味。每日推出最新最热的影视剧、动漫、歌曲等视频资源，英语学习者可以摆脱枯燥无味的背书学习方式，自由选择模仿，跟读喜欢的视频，从而真正爱上英语学习。

（二）幼儿教育类

1. 宝宝幼儿园

是一款装扮小游戏，模拟真实的幼儿园场景，有效帮助孩子克服入园恐惧心理。

2. 小伴龙

是一款幼儿教育产品，适合 0~12 岁儿童。它能给孩子带来正面、积极、有价值的影响，让孩子在求知和探索乐趣的同时，培养孩子乐观、向上、积极的心态，全方位陪伴孩子快乐成长，是孩子们的好榜样。

3. 我爱汉字——儿童拼音宝

是一款适合学龄前儿童识记汉字的应用，覆盖了入学前和小学一年级所需和最常用的汉字（1100个），内容包含图片识字、拼音、汉字组词、写字等多种形式，满足各个年龄段孩子的识字需求。

4. 悟空识字

是一款专为3~8岁年龄段的儿童精心设计的识字APP，不仅提供1200个最常用汉字、1200个句子和5000个词语等丰富资源，还结合孩子熟悉的《西游记》经典场景，让孩子在游戏中快乐地认识汉字，此外还会根据孩子对汉字的掌握程度，实时调整孩子的学习计划，从而提高早教的效率和有效性。

5. PBS Kids

是PBS出品的拼写APP，主要通过可爱的小恐龙探险的故事，带着孩子从A到Z地练习拼写。

四、3D打印技术的应用

3D打印（Three Dimensional Printing，三维打印）的学名是增材制造，是指将材料一次性熔聚成型的快速制造技术，它以数字模型文件为基础，运用粉末状金属或塑料等可黏合材料，通过逐层打印并叠加不同形状的连续层方式来构造三维的物体。3D打印实质上就是快速成型技术之一。

（一）3D打印的优势

1. 易用性高

3D打印技术最突出的优点是不需要模具，也不需要机械加工，可直接从设计好的计算机图形数据中生成任何形状的物体。3D打印技术可以加工传统方法难以制造的零件。

2. 工艺周期短、精度高

3D打印实现了首件的净型成形，同时解决了传统制造业开模耗时长的问题。而且，后期辅助加工量大大减少，避免了数据外泄，尤其适合一些高保密性的行业，如军工、核电领域；同时也避免了后续加工过程的误差累积，精度更高，尤其在飞机、核电和火电等高端精密机械行业，3D打印的产品是自然无缝连接的，结构之间的稳固性和连接强度要远远高于传统方法制造的产品。

3. 成本低

由于制造准备和数据转换的时间大幅减少，单件试制、小批量出产的周期和成本降低，特别适合新产品的开发、单件小批量零件的出产、个性化产品及定制产品的加工。

（二）3D打印技术的教育应用

3D打印技术在教育上的应用也是很广泛的，如：工程设计系的学生可以用它打印出自己设计的原型产品；建筑系的学生可以用它方便地打印出自己设计的建筑实体模型；历史系的学生可以用它来复制有考古意义的物品，方便进一步地观察；平面设计系的学生可以用它来制作3D版本的艺术品；地理系的学生可以用它来绘制真实的地势图、人口分布图；食品系的学生可以用它设计食物的产品造型；车辆工程系的学生可以打印各种各样的实体汽车部件，便于测试；化学系的学生可以把分子模型打印出来观察；生物系的学生可以打印出细胞、器官和其他重要的生物样本；数学系的学生可以将他们的"问题"打印出来，并在他们自己的学习空间中寻找答案。

五、云计算

云计算的定义目前尚未形成定论，比较通俗的定义是：云计算服务是指将大量用网络连接的计算资源统一管理和调度，构成一个计算资源地向用户提供按需服务。用户通过网络以按需、易扩展的方式获得所需资源和服务。云计算工作的基本原理是，用户所处理的数据并不存储在本地，而是保存在互联网上的数据中心里。提供云计算服务的企业负责管理和维护这些数据中心的正常运转，保证足够强的计算能力和足够大的存储空间供用户使用。用户只需要在任何时间、任何地点，用任何可以连接至互联网的终端设备访问这些服务即可，而不需关心存储或计算发生在哪片"云"上。

云计算在教育中的应用表现在以下几个方面。

（一）建设大规模共享教育资源库

所有数据被存储在规模庞大的数据中心，有先进的技术和专业的团队负责数据的管理和安全工作，能满足资源库规模扩大和数据安全的要求。用户可轻而易举地在各种终端之间同步获取数据，并随时与任何人分享。

（二）构建新型图书馆

构建新型图书馆，能保证数据的安全和高并发性，用户的请求也可迅速获得响应。用户还可以通过电脑、手机、平板电脑等多种终端接受图书馆提供的电子资源服务，甚至可以定制服务，建立符合自己需要的个人图书馆，实现移动学习，使图书馆资源中心的作用得到最大限度的发挥。

（三）创设网络学习平台

云计算将有助于构建学校教学环境（SLE）、群体学习环境（CLE）、学生个人自主学习环境（PLE）三类教学环境和教学信息自动传递系统、教师指导调控系统、学生自主学习系统三类教学系统。学习者可以通过云计算提供的环境、资源和服务，自由地选择学习内容和学习方式，实现网络学习。

（四）实现网络协作办公

软件即服务（SaaS）是云计算提供的一种服务类型，它将软件作为一种在线服务来提供，这为学校提供了一个信息化建设参考方案。一些常用的应用软件如办公软件、电子邮件可以采用云计算服务，学校接入这类云计算服务后，降低了信息系统建设的成本，减少了学校为维护和升级软件而投入的费用。

六、大数据

广义的教育大数据泛指所有来源于日常教育活动的人类的行为数据，狭义的教育大数据是指学习者行为数据。也有研究指出，教育大数据是指整个教育活动过程中产生的以及根据教育需要采集到的，一切用于教育发展并可创造巨大潜在价值的数据集合。

教育大数据的定义包含3层含义：第一层含义，教育大数据是教育领域的大数据，是面向特定教育主题的多类型、多维度、多形态的数据集合；第二层含义，教育大数据是面向教育全过程的数据，通过数据挖掘和学习分析支持教育决策和个性化学习；第三层含义，教育大数据是一种分布式计算架构方式，通过数据共享的各种支持技术达到共建共享的目的。

与用传统方法收集的教育数据相比，教育大数据有更强的实时性、连续性、综合性和自然性，并使用不同的应用程序来分析和处理不同复杂度和深度的数据。教育大数据收集的是整个教育教学过程中静态和动态的所有数据，可以在不影响教师和学生活动的情况下，连续记录整个教学活动的所有数据，如：教学资料、互动反应和学生在每个知识点上停留的时间，等等。

（一）教育大数据对教育管理的支持

大数据时代，教育者将更加依赖数据和分析，而不是直觉和经验；同样，教育大数据还将改变领导力和管理的本质。服务管理、数据科学管理将取代传统的行政管理、经验管理。利用大数据技术可以深度挖掘教育数据中的隐藏信息，可以暴露教育过程中存在的问题，提供决策来优化教育管理。大数据不仅可以运行和维护各教育机构的人事信息、教育经费、办学条件和服务管理的数据，而且可以长期积累所有类型教育机构的数据，利用统计分析、应用模型等技术将数据转换为知识，最终为教育者和学习者提供科学的决策。

（二）教育大数据对教学模式的支持

教育大数据推进实现智慧学习。教师在智慧教学环境下，利用大数据技术可以更深入地了解每一个学习者的学习状况，并且与学习者的沟通更加通畅，教师的整个教学过程和学习者的学习过程更加精准化和智能化。教师对教学过程的掌握从依靠经验转向以教育数据分析为支撑，学生对于自己学习状况的了解从模糊发展到心中有数，可以更好地认识自我、发展自我、规划自我。大数据技术可以帮助教师及时调整教学计划和教学方法，有利于教师自身能力的提高和职业发展。

（三）教育大数据对个性化学习的支持

除了学生学习的行为可以被记录下来外，学生在学习资源上的数据也可以被精确记录下来，如：点击资源的时间、停留多久、问题回答正确率、重复次数、参考阅读、回访率和其他资源信息，通过大数据，学习者可以定制个人学习报告，分析学习过程潜在的学习规律，还可以找到学习特点、兴趣爱好和行为倾向，并对教育状态信息一目了然。大数据技术使教育围绕学习者展开，使传统的集体教育方式转为个性学习方式，同时还伴随着教育者和学习者思维方式的改变，进一步朝着个性化学习的方向迈出重要的一大步，使得精准的个性化学习成为可能。

（四）教育大数据对教育评价的支持

教育评价正在从"经验主义"走向"数据主义"，从"宏观群体"评价走向"微观个体"评价，从"单一评价"走向"综合评价"。教育大数据下教育评价的变化，不仅表现在评价思想，还表现在评价方法；不仅包括对学生的评价，还包括对教学管理、评估质量等具体水平的评价。教学评估不再仅仅是凭借考试成绩和纪律帮助教师评价，而是由大量的数据感知得到评价结果，为实现教学评价的公正提供了依据，优化了教学方向。教育评价可以是多元化的，而不是仅停留在知识掌握程度这个单一维度。

（五）教育大数据对科学研究的支持

教育大数据使得教学研究从追求单向因果性转向追求复杂的多元相关性，并用直观的图形等表达方式系统、清晰、简洁地展现。这种新理念、新思维的创生，是实现教育创新和发展不可缺少的手段、工具和方法论。在教育大数据时代，科学研究将从随机抽样、探讨因果关系走向全部数据、寻找相关关系。大数据技术减少了研究资金的浪费，在某些问题上，数据分析为研究人员提供了个性化的服务，可以提高研究的效率和成果的可靠性。大数据依赖于自动、连续的记录和搜集的数据，比传统调查数据更加客观和中立。大数据还将改变传统学术研究的过程，信息系统依赖于自动同步，连续获得持续的行为数据，这意味着学术研究和信息技术、课题研究与实践联系在一起。

第五章 幼儿教师软件教学的应用

第一节 幼儿教育软件的选择

一、幼儿教育软件

（一）幼儿教育软件的概念

软件是一系列按照特定顺序组织的计算机数据和指令的集合。从功能上分，可分为系统软件和应用软件。系统软件主要是指面向硬件或者开发者所设立的软件，如：操作系统、编译系统、数据库系统；应用软件是指针对某种应用目的所开发的软件，包括游戏软件、教育软件、办公软件，等等。

教育软件以教育为主，它必须适应特定知识领域和特定文化层次的各类普通用户，因此所开发的教育软件应具有界面简易、操作方便、价格低廉的特点，而且教育软件是通过市场销售推广应用的商品化软件，教育软件的科学性、权威性与实用性对于教育软件是否适应市场需求尤为重要。

教育软件是进行教育的工具，是用正确思想教育人的载体。它必须是融先进的教育理论（经验）和软件开发技术于一体，在成熟的技术中找到能为教育服务的最合适的部分，并加以整合。

教育软件应从广义和狭义两个方面来定义。从广义上讲，教育软件是基于计算机多媒体技术以服务于教育为目的的软件产品，包括计算机知识教育软件、语言教育软件、科普教育软件以及与学生课本内容紧密结合的学生教育软件。此外，还包括为实现教育信息化、数字化开发制作的校园管理教学软件、学校行政办公软件等与教育行业相关的各类软件产品的总称。狭义上的教育软件是指根据教学目标设计的表现特定教学内容、反映特定教学策略的计算机教学程序。它可以用来存储、传递和处理教育的信息，教师用这些程序进行教学时，称为教学辅助软件；当学习者用它来达到学习目的时，称为自学辅助软件。从这一定义可以知道，广义的教育软件不但包括教学辅助和自学的软件，还包括一些辅助管理的软件。从狭义定义看，教育软件一般包括助教和助学两个类型的教育软件。

如何理解幼儿教育软件呢？有研究表明，3 岁以下幼儿能不能使用计算机，计算机与该年龄段儿童的学习方式不匹配。迄今还没有任何证据表明 3 岁前幼儿学习计算机对其将来的发展有何助益，相反，可能还有潜在的危害。因此本书中的幼儿指的是处于前运算阶段的 3~8 岁的儿童。根据教育软件的定义，幼儿教育软件是把使用对象或者教学对象限定在 3~8 岁的儿童，设计软件时应考虑到幼儿的心理特点以及幼儿学习理论。幼儿教育软件以早期儿童为服务对象，是在一定学习理论指导下，为幼儿提供内容、活动以及针对某项专门的知识或技能的工具。

Kid Pix Deluxe 4 是一款以 4 岁以上幼儿为使用对象的绘图软件。该软件为幼儿提供了一个绘画与创造的平台，设置了丰富的绘画相关工具与资源。此外还设置了教师工具功能，教师可以通过灵感机器创建并调控学习内容。从软件的整体设计风格来看，色彩丰富，形象生动，配以动画、音效以及大量矢量图，能够激发幼儿使用和探索的兴趣。这款软件为使用者提供了一个开放式平台。通过这个平台，使用者可以根据自己的意愿确定如何使用软件，从而使得技术能力不再成为幼儿使用软件的限制性因素。Kid Pix 的图片处理工具更适合幼儿，使他们在作画过程中可以得到适宜的支持和帮助。此外，这款软件还提供了专门的教师模式，使幼儿与成人都能有效地使用。

Edmark 幼儿教育软件包括数学、科学、语言、艺术等几个部分。这些内容与幼儿园现有的课程内容紧紧相关，其层次性、互动性也充分尊重了幼儿学习特点。幼儿教师在上课的时候，让幼儿自由探究，将软件结合课程，开展新的教育活动，其中既有系列主题活动，如电脑游戏大家玩、虫子的梦想等，也有独立的教育活动，如蚂蚁找豆、奇妙的节奏等。

（二）幼儿教育软件的特性与分类

幼儿教育软件有以下几个特性：一是教育属性，即幼儿教育软件的作用是更好地教幼儿或让幼儿学，是智能化的工具，其内容是适合幼儿学习的教育内容，体现一定的教育理论；二是软件属性，即具有一般软件的特性、技术特性和结构特性；三是幼儿教育软件所普遍具有的娱乐性，幼儿阶段的学习与其他年龄段的学习最大的区别就是，幼儿根据自己的兴趣来进行学习，幼儿时期的游戏热情是最高的。

幼儿教育软件因分类标准的不同而不同。根据传播媒介的不同，可以将幼儿教育软件分为单机版幼儿教育软件和网络版幼儿教育软件；根据"娱乐－教育性"维度，可以将幼儿教育软件划分为娱乐性幼儿教育软件、娱乐－教育性幼儿教育软件和教育性幼儿教育软件；根据软件设计指导思想的不同，可以将幼儿教育软件划分为以行为主义学习理论为指导的训练－练习软件和以构建主义学习理论为基础的发展适宜性软件。

根据软件设计指导思想的不同，对训练－练习性和发展适宜性幼儿教育软件做进一步讨论。

训练－练习性幼儿教育软件是以行为主义为指导思想来设计的，强调的是强化，表现在软件设计上就是让幼儿不断地点击鼠标或者敲打键盘来加强练习、记忆。比如说一些练习打字的软件，如果打字正确的话就会有相应的奖励。

发展适宜性幼儿教育软件的指导思想是构建主义学习理论，认为学习是知识的构建，通过新旧经验的互动来构建。发展适宜性软件的作用是为儿童提供适宜的探索、操作甚至玩耍的机会。优秀的幼儿教育软件能让幼儿"主导控制"，从而帮助其发展这些新出现的特征。对学龄前儿童来讲，最好的程序应当便于操作，并赋予他一种成就感和控制感。此外，伴随着儿童的成长，适宜的软件在各方面也都相应地有所升级，能使儿童在更加熟练的同时找到挑战。发展适宜性的软件更适合幼儿的发展，对他们的认知、身心都有益处，但是也并不是说训练－练习性的软件没有一点好处，在刚开始操作软件的时候，幼儿学习相对更容易些，幼儿对软件的学习更加有信心。

（三）幼儿教育软件对幼儿的影响

幼儿是幼儿教育软件应用的主体。幼儿通过使用幼儿教育软件，可以在亲手操作的过程中体验到快乐，获得成就感；通过色彩丰富的画面以及优美的音乐可以在玩乐中学习、掌握一定的知识；幼儿教育软件的使用有利于儿童良好个性的发展。

1. 幼儿教育软件可以开阔幼儿的视野、充实幼儿的想象空间

幼儿教育软件所涉及的内容很丰富，包括自然、语言、生活、算数等常识性的内容。幼儿教育软件所涉及的题材在幼儿的游戏世界里能够充分展示，从而能够开阔幼儿视野、充实想象空间。例如：幼儿教育软件"漫步生活奇境"，就是让孩子在虚拟的校园中，了解学校值日工作的内容和意义，还可以学到环境保护和资源回

2. 幼儿教育软件可以提供虚拟环境，从解决简单问题入手，增强幼儿的信心

幼儿教育软件为了能够让儿童解决简单的问题，通常是设置一个虚拟的情景，使幼儿在这个情景中解决问题，愉快地展开学习，使学习变得容易、有趣、丰富多彩。比如"语文智慧谷"幼儿教育软件，让小猴子把背筐里带有汉字的水果进行分类，使具有相同汉字结构的水果放到一起。虽然汉字结构跟水果并没有任何关系，但是幼儿教育软件把这个对于幼儿来讲有难度的问题放到了幼儿喜欢的环境中去解决，能增强幼儿解决问题的信心。

3. 幼儿教育软件可以促进幼儿学习兴趣，增强其探索能力

幼儿活动通常以兴趣而非任务为中心，哪里吸引他们的注意，哪里就有他们的活动。幼儿教育软件首先以生动的画面和动听的声音吸引幼儿的注意，不同教学内容的设计促使幼儿参与进来，与计算机进行交互。交互过程就是幼儿探究新问题的过程，幼儿教育软件告诉幼儿怎样操作，同时根据教学内容，从不同角度考察与锻炼幼儿思维、记忆、操作能力。

（四）幼儿教育软件研究的热点与前沿

1. 幼儿教育软件研究的热点

幼儿教育软件是以教育为目的的，这个目的不仅是学习计算机，而且包括利用计算机达到教育的目的，借助软件工程的"东风"壮大幼儿教育软件的规模，提高质量。网络的可用性也是幼儿教育软件要考察的一个重要指标。于是幼儿教育软件就把重点放在了设计上，设计出适宜的软件，以适合幼儿的发展；同时，也较为关注学习过程，关注幼儿学习过程中对知识的掌握和构建。21世纪以后，研究者越来越系统地关注幼儿教育软件，从工程和系统的视角来更科学地研究幼儿教育软件，同时也关注了幼儿教育软件的另外一个操作者——教师，关注教师的信息化素养，关注教师应如何引导、教导儿童使用软件。同时，专家学者也在关注幼儿教育软件给幼儿带来的一些不利影响，这就对幼儿教育软件的设计提出了新的、更高的要求，即要适合幼儿使用。幼儿教育软件的目的就是与幼儿园开设的课程进行整合，即软件的内容与当前班级开展的主题关系是否密切，是否容易变成课程的有机组成部分。幼儿教育软件的开发和维护也要遵循软件工程学的基本原理和发展规律。在幼儿教育软件的开发过程中软件工程具有指导作用，尤其是关于需求分析的

任务、步骤、原则、方法。软件工程学中软件开发的方法中有一种是面向对象法，即从现实世界中存在的事物出发来构造软件系统，这也是幼儿教育软件开发者需要思考的。软件工程学和教育学交叉融合形成新的领域，使得幼儿教育软件的产品可以从教育和软件技术两个视角来分析和处理，对于幼儿教育软件产品决策和幼儿教育软件产业分析具有重大的意义。学习环境、网络环境都是幼儿教育软件关注的使用环境，每个幼儿园使用软件的环境不尽相同，这对于使用效果也是有影响的。网络环境也越来越多地进入开发者和使用者的视线，正是因为网络环境的出现，才更有利于幼儿学习经验的分享，也给幼儿使用环境从单纯的幼儿园扩大到家庭提供了条件。从教师的角度看，幼儿教育软件主要涉及软件与课程的整合以及软件的管理。教师首先考虑的就是软件的投入使用是否能切合自己班级的主题，能否对自己课程内容进行深化；其次要考虑对软件的管理，是不是可以根据不同幼儿的特点，对软件进行调整，使其符合幼儿的发展规律；最后，教师也应该享有权限控制软件的开启和关闭，利用软件提供的反馈信息了解幼儿的学习进度。

2. 幼儿教育软件研究的前沿问题

幼儿教育软件研究的前沿分别是：电脑科学（computer - science）；教育内容（educational - content）；信息挖掘（information - seeking）；应用软件（based - software）；实证研究（empirical - studies）；实时（real - time）；学习经验（learning - experiences），远程学习（distance - learning）；幼儿早教（early - childhood）；协作学习（collaborative - learning）。

随着计算机技术的发展，幼儿教育软件会更依赖电脑科学，会更多以计算机技术为依托，完善幼儿教育软件各项指标系数。软件设计要考虑操作上的独立性，使用过程中的互动性，软件是否与操作系统兼容，是否安装方便，是否运行快捷，界面是否友好，在视听觉效果上是否把幼儿的特点放在首位，此外还要考虑输入输出设备的适配性，是否考虑了幼儿使用的工效学特点。这些都是幼儿教育软件关注的前沿问题。幼儿教育软件，不只是一种软件产品，在具有软件属性的同时更应该具备教育的属性。之前的幼儿教育软件产品更多关注的是软件属性，目前我国幼儿教育软件开发以技术型厂商为主，大多仅仅从技术角度进行软件设计和开发，对幼儿特点的了解不甚深入，对幼儿园课程的理解不够全面，因此教育内容这个前沿问题是否得到解决就关系到能否引导开发商的思维转型，使幼儿教育软件更好地整合软件功能和教育内涵。

二、幼儿教育软件评价

幼儿教育软件评价是指依照一定的评价标准，采用科学的方法，对适用于幼儿阶段的教育软件进行价值判断的活动。幼儿教育软件评价的目的在于判断幼儿教育软件的质量（主要是教育性和技术性两个方面），分析对幼儿教育的影响，最终促进幼儿的发展。其本质是一种基于教育软件与幼儿交互作用活动的价值判断。软件评价活动由评价者、评价工具和评价对象3个基本要素构成。幼儿教育软件评价离不开教育理论、教学设计理论的指导，常用的理论基础有人本主义学习理论、儿童认知发展理论、构建主义学习理论，等等。

幼儿教育软件评价具有教育评价与软件评价的共通性质，也因其对象的特殊性具有一些特殊性质与特点。

第一，幼儿教育软件评价是以促进幼儿身心全面和谐发展为基准的价值判断。教育评价的本质是价值判断，是对教育现象的价值做出判断。一般从健康、语言、社会、科学、艺术等领域对幼儿身心发展进行综合判断。

第二，幼儿教育软件评价是教育性与技术性判断的统一。幼儿教育软件评价不仅体现了促进幼儿身心全面和谐发展为基准的价值判断，还体现了对软件技术特征的评价，如：软件运行特点、人机界面设计、软件与输入设备的适配性与操作结果的输出。具体来说，软件操作应当容易被幼儿掌握，其界面应该是友好的，符合幼儿特点与认知能力，输入输出应考虑幼儿的动手能力与审美需求。

第三，幼儿教育软件评价是整体性与个性化的和谐统一。幼儿教育软件评价关注幼儿学习与发展的整体性，因为儿童发展是个整体，不能片面追求某一方面或某几方面的发展，要注重各领域之间的相互渗透与整合。同时，要尊重幼儿发展的个性化需求与个体差异。

三、幼儿教育软件的选择

随着电子媒体的增多，教师与父母愈发不知道该怎样为幼儿选择合适的媒体，关于这方面的信息也少之又少。可以根据"3C"原则（内容、环境和幼儿个体）进行选择。

内容（content）：媒体呈现的内容对幼儿理解的难易程度有很大影响。在选择媒体内容时，教师与父母需要问自己如下问题：

第一，它是暴利的、恐怖的还是令人厌烦的？

第二，它是对社会交往的有效模仿吗？

第三，它可以提高幼儿的读写能力吗？

第四，它和幼儿生活联系紧密吗？能帮助解决幼儿生活中遇到的问题吗？

第五，它可以帮助培养幼儿的美好品德吗？

环境（context）：环境很少被考虑到，但它却是很重要的，应该成为教师与父母关注的对象。在选择媒体环境时，教师与父母需要问自己如下问题：

第一，当没人看的时候，电视还开着吗？

第二，媒体放在什么位置呢？它影响幼儿睡眠质量吗？

第三，你和幼儿一起看过或操作过媒体吗？在幼儿看或是操作过之后，你和他谈论过他们看的或是操作的内容吗？

第四，电视在哪放置？在幼儿的卧室吗？

第五，你有特别重视电视、平板电脑、电子阅读器的某项功能吗？幼儿从你所重视的这些功能学到了什么？

第六，你用媒体的行为方式吸引幼儿吗？他们从看你怎么用媒体中学到了什么？

幼儿（child）：教师与父母需要了解幼儿，了解什么可以激发他们的好奇心和求知欲，并满足他们的需求。教师与父母应该问自己如下问题：

第一，幼儿对情绪化的改变内容敏感吗？

第二，幼儿对屏幕上的内容有回应吗？他的兴趣被激发了吗？可以和媒体进行互动吗？

总体来说，在选择媒体时，内容应是符合幼儿认知水平，且与幼儿生活联系紧密，并以"真正提高幼儿读写能力和技巧"为宗旨的，而不是仅仅频繁地点击按钮。环境方面，媒体应放在书房或是其他位置，切记禁止放在幼儿的卧室。当媒体不用时应关掉。父母和教育者应掌握正确的媒体使用方式，而且要注意和幼儿交流他们所看到的内容，偶尔可以和幼儿一起看视频或是玩游戏。幼儿方面，父母或是教育者应了解幼儿的兴趣点，投其所好。当然，对于"3C"原则，父母可以灵活使用，不需要太严格。

"3C"原则为父母对幼儿进行媒体选择提供了指导，指明了方向，同时也为教育者利用媒体对幼儿进行教学提供了很好的参考，促进了幼儿教育技术的发展。此外,"3C"原则还对人们一直以来对"技术对幼儿的发展是否有负面影响"的质疑做出了合理的解释,即取决于环境、内容、幼儿和他们的需要。如果这3个方面做得好,自然对幼儿的发展是有利的。

第二节　信息技术与幼儿园课程融合

信息技术与课程融合的宏观目标是带动数字化教育环境建设,推进教育的信息化进程,促进教学方式的根本变革,培养学生的创新精神和实践能力,实现信息技术环境下的素质教育与创新教育。现代教育技术在幼儿教育领域的应用能更有效地发挥学前儿童的潜能,培养学前儿童的创新能力。教师对现代教育技术的熟练应用,有助于更有效地利用现代的教学资源,更新教育理念,创建更适合学前儿童学习的教学模式,营造更有利于学前儿童学习的学习氛围。

一、信息技术与幼儿园课程融合的概念

要理解信息技术与课程融合的概念,首先有必要理解以下基本内容。

信息技术:主要指计算机、多媒体、网络和通信技术。

课程:目前尚存的中小学及幼儿园课堂教学中所开设的各门课程。

融合:来源于英语的"integrative",意为"使结合(with);使并入(into);使一体化,使其成为一体"。

课程融合:意味着对课程设置、教育教学的目标、教学设计、评价等诸要素进行系统的考虑与操作,也就是说要用整体的、联系的、辩证的观点来认知、研究教育过程中各种教育因素之间的关系。比较狭义的课程融合通常指的是各门原来割裂课程之间的有机联系,将这些课程综合化。

信息技术与课程融合:信息技术与课程融合的本质是要求在先进的教育思想、理论的指导下,把计算机及网络为核心的信息技术作为促进学生自主学习的认知工具与情感激励工具、丰富教学环境的创设工具,并将这些工具全面地应用到各学科教学过程中,使各种教学资源、各个教学要素和教学环节,经过整理、组合,相互融合,在整体优化的基础上产生聚集效应,从而促进传统教学方式的根本变革,也就是促进以教师为中心的教学结构与教学模式的变革,从而达到培养学生创新精神

与实践能力的目标。

信息技术与幼儿园课程融合，主要表现为信息技术与学习活动的融合，这反映了信息技术支持学习的特征，信息技术不仅是呈示教学信息和抽象知识的载体，还是教与学的互动、学生之间的交流与沟通的工具。信息技术与幼儿园课程融合的结果，即信息技术课程与综合实践活动的融合，也就是信息技术环境下的综合学习。幼儿园的学生是3~6岁的儿童，学生的自主学习能力比较弱，需要突出老师的主导地位，使儿童在信息技术支持的课堂教学环境中受到潜移默化的教育。

二、信息技术与幼儿园课程融合的模式

对于幼儿园来说，项目学习是信息技术与课程融合的适宜模式。

项目学习是一种以项目为导向，围绕与生活密切相关的主题来进行的学习活动；项目学习以制作作品、展示作品为目的，并通过这个过程来提高学生的综合能力。项目学习一般包括以下操作流程：项目选定、计划制订、活动探究、作品制作（或幼儿表演）、成果交流、活动评价。将基于项目的学习应用于信息技术与幼儿园课程教育融合的过程中，也可以从6个方面做起。

（一）项目选定

项目选定是进行项目学习的前提，关系项目学习的成败。项目的选定应该遵循以下原则。

第一，所选定的项目应该以幼儿的兴趣和生活经验为出发点，项目的内容必须具有一定的真实性。

第二，所选定的项目必须能够促进学科间的相互联系和渗透，这样才能培养幼儿的思维能力和想象力，使幼儿的综合素质在项目学习的过程中不断提高。

第三，所选定的项目的难度要与幼儿的学科背景知识相符，这样才不会挫伤幼儿的自信心，才能确保项目学习的顺利进行。

第四，所选的项目不能过于简单，它需要幼儿经过至少一周时间的探究与合作来完成。

（二）计划制订

计划制订是活动探究的前奏，好的计划可以使活动探究得以顺利地进行。计划的制订包括以下几个方面的内容。

1. 人员的分配

人员的分配最好让学生自由组合，3~6岁的幼儿更喜欢新鲜的人和物，可以让幼儿在适当的时候调换座位，以增加幼儿上课的积极性。

2. 时间的分配

在课堂上要控制好幼儿自由发言时间，让幼儿体会自由的同时也要有紧张感，这能让幼儿集中注意力回答问题。

3. 活动的设计

活动的设计是对项目学习所要进行活动的预计，是进行活动探究前必不可少的一步。详细的活动设计方案可以使学生在项目学习的过程中少走弯路，并减少不必要的资源消耗。

（三）活动探究

活动探究是项目学习的关键步骤，在这个过程中幼儿是探究的主体，他们将在教师的引导下按照活动计划充分发挥自己的想象力，对所要进行的项目学习深入探讨，同时也可以拓展自己的思维。在这个过程中，幼儿可能会面临一些困难，但是在老师的指引下，幼儿通过自己的生活常识和生活体验，尽量得到自己想要的答案。

第一，按照计划，灵活进行探究活动。

第二，认真记录活动探究过程中的感想和遇到的问题，为作品制作或表演寻找灵感。

第三，学会与人交往沟通。

（四）作品制作（幼儿表演）

项目学习与其他教学活动最显著的区别在于项目学习的成果必须是一个可以看得见的作品。作品的制作有以下几个特点。

第一，作品必须由幼儿集体共同完成，而不是个别幼儿的作品。

第二，幼儿必须利用活动探究过程的成果和经验来完成作品。

第三，作品的表现形式多样化。幼儿项目学习的作品可以是实物或模型、幼儿的表演、录音录像资料等，幼儿园学生是以表演为主。

（五）成果交流

成果交流是幼儿展示制作的作品以及分享项目学习的环节，也是活动评价的依据之一。成果交流具有以下两个特点。

第一，成果交流形式多样化。成果的交流可以通过比赛、展览等形式来进行。

第二，成果交流的参与人员除了参加项目学习的师生以外，还可以是家长、其他教师以及社会上其他支持项目学习的人员。

（六）活动评价

别样的评价方式也是项目学习的一个亮点，它具有以下几个特点。

第一，项目学习的评价是多元化的评价，它融合了形成性评价和总结性评价、对个人的评价和对团队的评价、教师的评价、学生的自我评价和同伴评价。

第二，项目学习评价贯穿项目学习的整个过程。项目学习的评价内容不仅是对作品的评价，还是对整个项目学习过程的评价，甚至是对学生的分组情况的评价。

第三，评价人员不再局限于教师，而是扩展到幼儿本人以及校外支持项目学习的人员。

参考文献

[1] 周京峰，孙现红，刁迎雪．幼儿园初任教师专业素养发展研究［M］．合肥：中国科学技术大学出版社，2020.

[2] 杜德栎，于珍，张富洪．幼儿教师道德与教育法规［M］．北京：中国人民大学出版社，2020.

[3] 杜智萍．幼儿教师专业化发展导论［M］．北京：中国石化出版社，2020.

[4] 黄媛媛，张艳．幼儿教师队伍建设比较研究［M］．成都：电子科技大学出版社，2020.

[5] 高洁，朱彦荣．学前教育专业研究生的幼儿教师职业认同研究［M］．西安：陕西师范大学出版总社，2020.

[6] 俸斌．幼儿教师信息技术［M］．长春：吉林大学出版社，2020.

[7] 姚计海．幼儿教师职业道德［M］．长春：东北师范大学出版社，2020.

[8] 朱金山．学前教师教育课程设置研究［M］．长春：吉林人民出版社，2020.

[9] 李洁．学前教育教师业务创新研究［M］．长春：吉林人民出版社，2020.

[10] 左彩云．学前科研方法和研究性学习［M］．北京：北京理工大学出版社，2020.

[11] 娄小韵．产教融合背景下学前教育专业人才培养模式研究［M］．长春：吉林人民出版社，2020.

[12] 李晖．学前教师专业素养建构与发展［M］．长春：吉林文史出版社，2019.

[13] 王亚辉，卢云峰，王海燕．学前教育政策法规［M］．北京：北京理工大学出版社，2019.

[14] 步社民，姬生凯，李园园．幼儿教师专业伦理［M］．上海：复旦大学出版社，2019.

[15] 吉执来．学前教育管理学［M］．西安：西北大学出版社，2019.

[16] 吕一中．新时代背景下学前教育发展研究［M］．北京：北京理工大学出版社，2019.

[17] 谭赟赟．科学理念引领下的学前教育探索［M］．中国原子能出版社，2019.

[18] 叶逢福，赖勇强，吕伟．学前教育的理论探索与创新实践［M］．北京：北京航空航天大学出版社，2019.

[19] 张岩，钟爱，何美玲．幼儿英语教师专业技能训练与实践［M］．长春：东北师范大学出版社，2019.

[20] 郑忠平，赵一璇，宁秋萍．幼儿教师职前师德教育研究［M］．北京：北京理工大学出版社，2019.

[21] 李鹏．学前教育专业系列教材幼儿教师课件设计与制作［M］．北京：中国书籍出版社，2018.

[22] 代敏．应用型大学学前教育专业教师职后教育探索［M］．北京：中国商务出版社，2018.

[23] 王婉莹．幼儿教师职前培训指导［M］．大连：辽宁师范大学出版社，2018.

[24] 田兴江，丘静．幼儿园名师工作室引领教师专业发展研究［M］．北京：中国社会出版社，2018.

[25] 张坤香．幼儿教师的四个好习惯［M］．昆明：云南人民出版社，2018.

[26] 李丹．幼儿教师实践性知识发展研究［M］．北京：科学出版社，2018.

[27] 刘占卓．学前教育技术应用［M］．北京：中国人民大学出版社，2018.

[28] 熊有华，徐俊峰，戚鹏．计算机信息技术与应用［M］．郑州：郑州大学出版社，2018.

[29] 刘博成，施丽男．学前教育信息技术基础与应用［M］．天津：南开大

学出版社，2018.

［30］梁国浚．学前教育信息技术基础与应用视频指导版［M］．北京：人民邮电出版社，2018.

［31］邓霁岚．幼儿园教育活动设计与实施［M］．武汉：武汉大学出版社，2018.